# Émotions et virilités à l'écran

Collection « Prix scientifique »

La collection Prix scientifique L'Harmattan publie les manuscrits primés par un jury scientifique qui, sur appel à participation, se réunit une fois par an pour distinguer les mémoires de master 2, les thèses et les HDR dans l'ensemble des domaines couverts par les éditions L'Harmattan.

Le jury est composé de Claudine Blanchard-Laville (sciences de l'éducation, université Paris Nanterre), Jean-Paul Chagnollaud (sciences politiques, CY Cergy Paris Université), Jean-Louis Chiss (linguistique, université Sorbonne Nouvelle Paris 3), Jean-Marc Lachaud (philosophie et esthétique, Université Paris 1 Panthéon Sorbonne), Vincent Laniol (histoire), Jean-Claude Némery (droit, université de Reims, Champagne-Ardenne), Bruno Péquignot (sociologie, université Sorbonne Nouvelle Paris 3) , Thomas Perroud (droit, Panthéon-Assas Université), Xavier Richet (économie, université Sorbonne Nouvelle Paris 3), Denis Rolland (IGESR, histoire et relations internationales, Université de Strasbourg, IUF), Philippe Tancelin (philosophie, études littéraires, université Paris 8 Vincennes Saint-Denis), Gérard Teboul (droit international, université Paris 12-UPEC), Dimitri Uzinidis (économie, université du Littoral, Côte d'Opale).

Dernières parutions

Eugénie Duval, *Participation et démocratie représentative*, 2022.
Pierre Rouxel, *Le syndicalisme en restructurations*, 2022.
Alvin Panjeta, *Expérimenter la qualité à l'université*, 2022.
Yahya Mahamat-Saleh, *Facteurs nutritionnels et risque de cancers de la peau*, 2022.
Suzanne Levin, La république de Prieur de la Marne, 2022.
Mohamed Ouchtaine, *Recompositions de l'Islam*, 2022.
Clothilde Rohmer, *La gestion du domaine forestier de la famille de Turckheim-Truttenhausen*, 2022.
Amélie Puche, *Les femmes à la conquête de l'université*, 2022.
Lucie Ecorchard, *Les lieux de justice parisiens à la fin du Moyen Age*, 2022.

Manon Contreras

Émotions et virilités à l'écran

Sociologie du cinéma hollywoodien
issu de la guerre du Vietnam (1978-1989)

© 2023, L'Harmattan
5-7, rue de l'École-Polytechnique – 75005 Paris
www.editions-harmattan.fr
ISBN : 978-2-14-026409-2
EAN : 9782140264092

# REMERCIEMENTS

Je tiens à remercier toutes les personnes qui ont rendu possible la réalisation de cet ouvrage, en m'accordant du temps, des conseils et un soutien indispensables. Le livre que vous tenez entre vos mains est le résultat d'un travail de mémoire, soutenu à l'Université Paris-Nanterre en mai 2021, mais aussi le fruit d'une série de rencontres et de discussions passionnantes.

Je voudrais d'abord adresser mes profonds remerciements à toutes les personnes qui ont participé à cette enquête en acceptant de se prêter au jeu des entretiens sociologiques. Au-delà d'une contribution essentielle à cette recherche sur les représentations cinématographiques, ils m'ont offert des moments d'échanges captivants, dont je garde de beaux souvenirs. Je remercie Sylvestre Meininger et Agnès Devictor, pour avoir accepté de partager avec moi leur connaissance et leur passion du cinéma.

Ma reconnaissance va également à mon directeur et ma directrice de recherche, M. Julien Bernard et M$^{me}$ Sylvaine Conord, qui m'ont accompagnée de manière constante et bienveillante pendant ces deux années de travail à leur côté. Ce livre est l'aboutissement de nos nombreux échanges et de leurs précieux conseils. Il n'aurait d'ailleurs jamais vu le jour sans le soutien inébranlable de M$^{me}$ Conord, qui m'a encouragée à participer au prix scientifique L'Harmattan. Je suis honorée qu'ils aient tous deux accepté de participer à cet ouvrage, dont la préface porte leur signature.

J'en profite pour remercier les professeurs et intervenants du Master de Sciences Humaines et Sociales de l'Université Paris Nanterre, qui m'ont fourni les outils nécessaires à la réussite de ce projet, malgré un contexte sanitaire difficile. Une pensée particulière va à Joseph Cacciari, dont la bienveillance et les encouragements me sont restés à l'esprit.

J'adresse enfin toute ma gratitude aux équipes des Éditions L'Harmattan, ainsi qu'au jury du Prix scientifique, pour m'avoir accordé leur confiance et m'avoir permis de publier ce mémoire de recherche.

Pour finir, je ne saurais comment remercier mes proches, qui ont été et sont toujours d'un soutien inconditionnel. Mes pensées affectueuses vont à ma famille, Nathalie, Claude, Camille et Jeanine, et à mes amis, Marie, Léna et Louis, qui ont aussi participé à cet ouvrage par leurs relectures et leurs encouragements. Cette aventure n'aurait pas été possible sans vous.

Ma dernière pensée s'envole vers mon grand-père, Claude, à qui je dédie ce livre.

# SOMMAIRE

REMERCIEMENTS ...................................................................... 7

PRÉFACE ..................................................................................... 11

INTRODUCTION
Du Vietnam à Hollywood ........................................................... 15

Présentation du corpus de films ................................................. 29

**PREMIÈRE PARTIE**
**LE VIETNAM ET LES CODES DE REPRÉSENTATION**
**DE LA GUERRE : UN GENRE PARTICULIER ?** ................ 41

CHAPITRE 1
Du World War II Combat Film au Vietnam Combat Film ......... 43

CHAPITRE 2
Une esthétique renouvelée : les éléments visuels
et sonores propres à la représentation du Vietnam ..................... 51

CHAPITRE 3
Des thématiques singulières : les éléments narratifs
propres au cinéma du Vietnam .................................................... 69

**PARTIE II**
**STRUCTURES NARRATIVES ET TRAJECTOIRES**
**ÉMOTIONNELLES CHEZ LES HÉROS MASCULINS** ...... 87

CHAPITRE 4
Les trajectoires émotionnelles des héros masculins
dans des films en plusieurs parties ............................................. 89

**CHAPITRE 5**
Les trajectoires émotionnelles dans les films centrés
sur l'expérience militaire au Vietnam .................................. 107

**CHAPITRE 6**
Des invariants émotionnels dans les constructions narratives ? ......... 123

**PARTIE III**
**CONSTRUCTION ET VALORISATION DU MASCULIN**
**AMÉRICAIN AU REGARD DES DIFFÉRENTES**
**FIGURES D'ALTÉRITÉ** .................................................. 139

**CHAPITRE 7**
L'altérité guerrière : une complexification de la notion d'ennemi .... 141

**CHAPITRE 8**
L'altérité nationale : une instrumentalisation des Vietnamiens ........ 157

**CHAPITRE 9**
L'altérité de genre : un traitement différencié
des différentes figures du féminin ..................................... 169

**PARTIE IV**
**ÉMOTIONS ET DISCOURS CRITIQUES :**
**DES MISES EN SCÈNE DE L'HOMME EN GUERRE** ............ 181

**CHAPITRE 10**
La disparition du Vietnam au profit de l'homme en guerre .............. 183

**CHAPITRE 11**
Les mises en scènes des émotions comme constructions critiques ... 195

**CHAPITRE 12**
De nouvelles figures de virilité : le héros sensible ................... 203

CONCLUSION ............................................................. 213

GLOSSAIRE .............................................................. 217

BIBLIOGRAPHIE .......................................................... 219

# PRÉFACE

Ce livre apporte une contribution scientifique majeure non seulement pour la connaissance qu'il apporte des films hollywoodiens sur la guerre du Vietnam, mais aussi pour la manière de les aborder et de les analyser, au carrefour des sociologies du cinéma et des émotions. Il explore une voie jusque-là peu empruntée et en montre toute la fécondité. Le film est considéré comme une écriture que le sociologue va traduire pour mettre en lumière le contexte et la fonction de l'œuvre cinématographique. L'originalité repose ici sur la considération du film pour ce qu'il exprime de la société dans laquelle il est produit et reçu. En ne considérant ni les films comme pures expressions subjectives de leurs auteurs, ni comme image reflétant fidèlement une société ou une époque, il se situe dans une voie médiane qui prend au sérieux les œuvres, mais toujours en s'interrogeant sur ce qu'elles révèlent en creux.

Les analyses portent sur neuf films hollywoodiens sortis dans les années 1970-1980, au lendemain du conflit vietnamien et comprennent des analyses individuelles de films (selon la méthode de Anne Goliot-Lété et Francis Vanoye), et une analyse transversale et comparative. En étudiant de très près le contenu, mais aussi en enrichissant la réflexion par la réalisation d'entretiens sociologiques auprès de cinéphiles, le but n'est pas tant d'interroger la singularité de chaque film que de découvrir les points communs à ce genre cinématographique, les types de mise en scène, les structures narratives, les *topoï* argumentatifs, ou encore les trajectoires récurrentes empruntées par les personnages. La comparaison des façons de *présenter* au cinéma l'expérience paroxystique de la guerre (mais aussi son avant et son après pour les personnages) produit une *représentation* plus générale, qui amène l'idée que ce corpus de films dit quelque chose de la guerre, et de cette guerre en particulier pour la société nord-américaine. Il ne s'agit bien sûr pas d'un discours organisé, consciemment élaboré par un groupe de cinéastes, mais d'un ensemble d'indices sensibles, produits de l'art des réalisateurs, techniciens et comédiens, et destinés à produire émotions et réflexions chez le spectateur.

L'originalité et l'intérêt de la démarche de l'autrice résident précisément dans cette articulation entre la mise en scène des émotions des personnages et ce que ces émotions fictives montrées à l'écran transmettent de significatif. Le livre montre que cette mise en scène des émotions est déjà une nouveauté en soi. Avec les films hollywoodiens sur la guerre du Vietnam, les soldats des films de guerre deviennent sensibles. *Exit* la figure musculeuse de Rambo ou la posture viriliste et décérébrée qui dénierait la peur au nom du courage. Cette figure perdure, mais devient celle d'un anti-héros. En mettant en scène des personnages ordinaires, pris dans le tourbillon d'une histoire qu'ils n'ont pas écrite, ces films renouvellent les représentations de la masculinité. C'est déjà beaucoup, mais par ailleurs, en traitant la guerre avant tout comme une expérience humaine, ils montrent des émotions récurrentes – la peur de mourir, l'effroi face aux horreurs vues, la détresse liée aux décès des frères d'armes, ou celles accompagnant les traumatismes et les accès de folie – dont la violence est à peine atténuée par la solidarité des compagnons. La réflexion sur l'esthétique des images de ces films révèle des décors dépaysants et parfois oppressants d'un ailleurs exotique d'une part, et la mise en scène d'une violence de guerre esthétisée, d'autre part, sur fond de rock'n'roll. En somme, une esthétique pleinement réaliste qui fait appel à une lecture symbolique. Ce traitement particulier du matériau narratif et filmique ouvre de nouvelles perspectives sociologiques. Ainsi, sans être exempts d'ambiguïtés, en particulier dans le traitement des « ennemis » viêt-congs et des femmes, ces films semblent représenter l'évolution de la réflexion de la société américaine sur son histoire et sur ce qui fut sans doute sa défaite militaire la plus cuisante. Ils participent ainsi de la construction d'une mémoire collective.

En nous faisant plonger ou replonger, images et explications à l'appui, dans ces œuvres majeures, le livre de Manon Contreras stimule la réflexion sur l'image, l'émotion et le sens, et pose ainsi les pierres d'un pont plus que bienvenu entre le cinéma et les sciences sociales.

**Julien Bernard**
Maître de conférences en sociologie
Université Paris Nanterre
Sophiapol (EA 3932)

**Sylvaine Conord**
Maîtresse de conférences-HDR en sociologie
Université Paris Nanterre
UMR LAVUE (CNRS, 7218)

# INTRODUCTION

# Du Vietnam à Hollywood

« Si l'on considère les choses avec un certain recul – propre à l'observateur étranger –, on ne peut qu'être frappé par un paradoxe. Les Américains se sont passionnés pour un conflit se déroulant dans un pays qui leur était totalement étranger et avec lequel ils n'avaient aucun lien. De là vient la fascination du sujet. » (Portes, 2008, p.18)

Le Vietnam, très présent dans les discours médiatiques des années 60-70 aux États-Unis, est pourtant loin d'être la seule préoccupation américaine de l'époque. Si les deux décennies couvertes par la guerre sont témoins des revendications féministes et des luttes contre les discriminations raciales aux États-Unis, c'est le Vietnam qui semble être le principal sujet de fascination pour la société américaine. La guerre, qui se déroule à plus de 15 000 kilomètres du sol américain, épargne même le pays en termes de pertes humaines et matérielles : les populations vietnamiennes ont directement subi les conséquences du conflit et connaissent un très lourd bilan humain[1], contrairement aux Américains, qui ont connu de plus

---

[1] Les estimations du nombre de morts vietnamiens sur la période 1965-1975 varient énormément d'un chercheur à un autre : l'historien français Jacques Portes (2008) retient le chiffre de 1,5 millions de morts (soldats nord-vietnamiens, soldats sud-vietnamiens et civils confondus) tandis que les sociologues Charles Hirschman, Samuel Preston et Vu Manh Loi (1995) obtiennent une estimation de près d'1 million de morts. D'après eux, le gouvernement vietnamien estime quant à lui le nombre de morts à plus de 3 millions de Vietnamiens. Cependant, les différentes estimations mettent toutes

faibles pertes avec une estimation officielle d'environ 58 000 morts[2]. Là se trouve le paradoxe soulevé par Jacques Portes dans son ouvrage *Les États-Unis et la guerre du Vietnam* (2008). L'appellation même de « guerre du Vietnam »[3] reflète une vision américano-centrée du conflit, qui se limite souvent à la décennie 1965-1973, dates de l'engagement militaire des États-Unis. Pourtant, si l'on remonte aux origines coloniales et idéologiques du conflit, la présence américaine semble débuter bien avant son entrée en guerre. Si les Américains ne s'engagent massivement dans le conflit que dans les années 60, ils jouent un rôle distant dès la Guerre d'Indochine (1946-1954), durant laquelle les États-Unis proposent une assistance militaire aux Français face à la menace communiste. Après la division du Vietnam lors du traité de Genève en 1954, débute une guerre civile entre le Nord-Vietnam – épaulé par la Chine et le bloc de l'Est – et le Sud-Vietnam – soutenu par les États-Unis et d'autres puissances du bloc de l'Ouest. C'est ainsi au nom de la lutte contre le communisme que John F. Kennedy prononce un discours inaugural en janvier 1961, annonçant une aide militaire, économique et technique soutenue au gouvernement sud-vietnamien. La guerre devient *américaine* dès 1965 (Portes, 2008) : à partir de cette date, plus de 2 millions et demi de jeunes soldats quittent le pays pour combattre au Vietnam, jusqu'à la signature des Accords de paix de Paris en 1973 qui instaurent le retrait officiel des troupes américaines. La guerre *vietnamienne* se poursuit quant à elle jusqu'à la chute de Saïgon

---

en valeur des différences proportionnelles entre ces trois catégories : les civils vietnamiens sont unanimement les premières victimes de la guerre, suivis par les soldats nord-vietnamiens, puis par les soldats sud-vietnamiens.

[2] Les archives nationales américaines estiment qu'exactement 58 220 soldats américains sont morts à la guerre ou des suites de leurs blessures.

[3] La « guerre du Vietnam » est également désignée par l'appellation « Seconde Guerre d'Indochine ». Du point de vue Nord-Vietnamien, le terme le plus utilisé s'approche de l'idée de « résistance contre l'agression américaine » (Hirschman et al., 1995). Lors du séminaire « Social Dynamics of Civil Wars » (Université Paris 1 Panthéon Sorbonne, 21 novembre 2018), l'historien François Guillemot propose quant à lui de revenir au concept de « guerre civile » pour replacer le conflit au cœur de l'histoire vietnamienne. C'est l'appellation « guerre du Vietnam » qui est retenue et utilisée dans cet ouvrage, étudiant la vision étatsunienne du conflit.

en 1975, marquant définitivement la victoire nord-vietnamienne et la réunification du pays le 2 juillet 1976.

Pourtant, l'épisode vietnamien est loin de se terminer pour les États-Unis : « sous-jacent, le Vietnam est resté présent, pouvant réapparaître à un moment ou un autre » (Portes, 2008, p.17). Si le conflit demeure matériellement éloigné des États-Unis, il n'en est pas moins une véritable brûlure pour la société américaine. La guerre du Vietnam est à la fois l'engagement militaire américain le plus long et la première grande défaite des États-Unis :

> Dans le passé, la guerre avait toujours été une expérience 'positive' de la culture américaine, une croisade morale qui renforçait l'unité des participants. Mais celle-ci [la guerre du Vietnam], qu'on la considère comme mal conduite ou moralement condamnable, était de toute façon menée en vain. Ce fut la première guerre 'négative' de l'histoire de l'Amérique, et le pays a eu beaucoup de mal à l'accepter. (Sheehan, 1970, p.7)

Le Vietnam est ainsi la première guerre très critiquée de l'histoire des États-Unis, au point de devenir un référent en termes de contestations publiques et de défaite américaine. L'expression « syndrome du Vietnam » voit le jour dans les années directement postérieures à la guerre, renvoyant à l'idée d'une réticence politique et civile face à tout engagement militaire à l'étranger. Elle est notamment reprise dans les médias, au cours des interventions extérieures des décennies suivantes comme durant la guerre du Golfe (1990-1991), la guerre contre les Talibans en Afghanistan (2001-2014) ou encore la guerre d'Irak (2003-2011)[4]. Le Vietnam s'inscrit dans l'histoire des États-Unis comme une référence négative, une tâche noire, qu'il s'agit de ne plus reproduire. En 1985, l'ancien président des États-Unis Richard Nixon (1969-1974) écrit « Plus jamais de Vietnams », un ouvrage proposant de revenir sur la défaite américaine et ses explications. Pour beaucoup, le

---

[4] L'expression est également reprise par des hommes politiques : le président Ronald Reagan l'utilise au cours de différentes interventions publiques, dont son discours à la Convention des Anciens combattants des guerres étrangères, le 18 août 1980 à Chicago. Le 1er mars 1991, le président George H.W Bush déclare quant à lui avoir « éliminé le syndrome du Vietnam une fois et pour toutes », lors de la victoire américaine en Irak.

conflit vietnamien est moins une défaite militaire qu'une défaite politique (Meininger, 2000 ; Portes, 2008) : d'un point de vue matériel et tactique, la puissance américaine était largement supérieure à celle de l'ennemi vietnamien, de sorte que la véritable défaite, politique et sociale, aurait été actée bien avant 1973. Dans son documentaire *Vietnam, la trahison des médias* (2008), le réalisateur Patrick Barbéris propose de dater la défaite en 1968, année de l'Offensive du Têt[5] : victoire militaire mais défaite médiatique pour les États-Unis, l'épisode marque les esprits et renforce les divisions au sein de la société civile américaine. Ce sont les journalistes et reporters, présents sur les lieux du conflit, qui auraient enclenché une *guerre visuelle* d'emblée perdue par les États-Unis.

Le Vietnam, en tant que guerre « la plus vue de l'histoire » (Boutet, 2008, p.75), représente en effet un tournant dans le traitement médiatique des conflits armés : les photoreporters ainsi que les récepteurs d'images (lecteurs et téléspectateurs) deviennent avec lui, plus que de simples spectateurs, de nouveaux acteurs des affrontements militaires. Les reportages diffusés quotidiennement à la télévision permettent aux civils américains de suivre la guerre en direct et de se faire témoins à distance de sa réalité et de ses horreurs. Certaines photographies de guerre jouent d'ailleurs un rôle fondamental dans le déroulement du conflit en touchant le public américain et nourrissant ainsi les rangs des manifestations anti-guerres. Elles donnent à voir les souffrances des populations vietnamiennes et parfois même, des crimes de guerre américains. Parmi elles, une photographie de Ronald L. Haeberle, prise en mars 1968 après

---

[5] L'« Offensive du Têt » fait référence aux assauts nord-vietnamiens de la nuit du 30 au 31 janvier 1968, le jour des festivités du Têt, dans une centaine de villes du Sud. Les troupes sud-vietnamiennes et américaines reprennent du terrain et récupèrent les territoires assaillis, détruisant au passage la ville de Hué, capitale historique. Si l'offensive est finalement un échec militaire pour les Viêt-Cong, elle n'en demeure pas moins un succès médiatique : les images des combats, rapportées à la télévision, participent au soulèvement de l'opinion publique américaine et lancent une série de manifestations contre l'intervention au Vietnam. Cet épisode militaire est généralement cité par les historiens comme point de bascule de la guerre, qui devient fortement critiquée de l'intérieur (Portes, 2008).

le massacre de My Lai[6], provoque l'indignation lorsqu'elle est publiée plus d'un an après les faits. Une seconde photographie, « The Terror of War », prise en 1972 par Nick Ut et récompensée du Prix Pulitzer l'année suivante, marque les esprits en montrant des enfants vietnamiens en pleurs sur la route : au centre, sur la gauche, se trouve la célèbre « petite fille du Napalm », nue, brûlée, en train de courir vers le photographe.

Ces images, parmi tant d'autres, choquent le spectateur le plus assidu des combats : en plein cœur du conflit, l'opinion publique se divise et des voix protestataires s'élèvent pour dénoncer une guerre violente, « injuste et injustifiée » (Boutet, 2008, p.76). Plus tard, après la guerre, la brûlure du Vietnam demeure, portée par des images d'un autre genre : le film de fiction.

> Les essais collectés ici témoignent d'une relation unique entre la guerre américaine au Vietnam et les images et sons – sur celluloïd et bande-vidéo – qui ont été utilisés pour la représenter. Tandis que la Seconde guerre mondiale – malgré tous les traitements cinématographiques qu'elle a inspirés – trouva ses descriptions les plus typiques dans des écrits historiques, des mémoires et des romans, la guerre du Vietnam, bien qu'elle ait produit un grand nombre de romans remarquables et de productions réalistes en prose, s'est cependant vu donner la plus grande part de son imaginaire au travers de films[7]. (Anderegg, 1991, p.1)

Si les images et reportages journalistiques inondent les journaux télévisés et la presse écrite pendant la guerre, les films de cinéma se font eux très rares jusqu'aux années 70. *Les Bérets*

---

[6] Le 16 mars 1968, la compagnie américaine Charlie perd plusieurs hommes dans des pièges Viêt-Cong. Lors de la riposte, lancée sur le hameau de My Lai, entre 350 et 500 civils vietnamiens perdent la vie : le « massacre de My Lai », crime de guerre, est rendu public en novembre 1969.
[7] Traduction de l'auteure. Texte original : « The essays here collected testify to the unique relationship between the US- Vietnam War and the images and sounds – on celluloid and videotape – that have been employed to represent it. Whereas World War II, despite all the cinematic treatments it inspired, found its most characteristic depictions in historical writings, memoirs, and novels, the Vietnam War, though it has produced a number of brilliant novels and nonfictional prose accounts, has thus far been given its imaginative life primarily through films »

*Verts*, réalisé par Ray Kellogg et John Wayne, fait figure d'exception en sortant en 1968, en plein milieu du conflit vietnamien. Il faut attendre l'année 1978, avec le film *Go Tell the Spartans*, réalisé par Ted Post, pour que le sujet gagne réellement le grand écran. L'année suivante, en 1979, le film de Michael Cimino, *Voyage au bout de l'enfer*, devient le premier grand succès sur la guerre du Vietnam : récompensé de cinq oscars, il entre en 1996 dans le *National Film Registry* de la Bibliothèque du Congrès américain. Il marque également le début d'un déferlement de productions cinématographiques traitant de la guerre. Dans les années 80-90, un « cinéma du Vietnam » (Stora, 1997) voit le jour, laissant dans sa traînée plus de 400 films de fiction (Devine, 1995). Ce nombre important de productions recouvre différents genres, se constituant en films *sur* la guerre du Vietnam et non pas seulement en films *de* guerre : entre films de guerre, films d'action, drames, comédies ou encore films d'horreur, le Vietnam nourrit un grand nombre de genres cinématographiques. Il est également un sujet à forte audience : les box-offices s'enflamment dans les années 80, au rythme des grands succès comme *Apocalypse Now* (1979) et *Platoon* (1986). C'est à partir des années 90 que le sujet s'épuise progressivement. Les films, à la fois de moins en moins nombreux et de moins en moins plébiscités par le public américain, finissent par disparaître[8]. « Le sujet vietnamiste, en effet, n'est plus problématique. » (Tessier, 2009, p.274).

Le « sujet vietnamiste » au cinéma marque donc une période postérieure à la guerre et particulièrement délimitée dans le

---

[8] A partir des années 90, les films sur la guerre du Vietnam se font beaucoup plus rares. Ceux qui voient le jour dans les années 90 connaissent par ailleurs un succès moins important que celui des films des années 80. A titre d'exemple, il est possible d'observer l'évolution de la trilogie d'Oliver Stone. Le premier film de la trilogie, *Platoon*, sorti en 1986, connait un énorme succès avec un total de 138,5 millions de dollars au box-office américain. A sa suite en 1989, *Né un 4 juillet* représente un box-office américain de 70 millions de dollars (et un succès planétaire de 161 millions de dollars). Le dernier film, *Entre ciel et terre*, sorti en salle en 1993, est un échec au box-office : il remporte seulement 5,9 millions de dollars au box-office américain contre un budget total de 33 millions de dollars.

temps, les années 80 apparaissant comme le point culminant des discours cinématographiques sur la guerre. Le terme de discours est ici particulièrement approprié, puisque les films issus du conflit vietnamien voient le jour des années après la signature de l'armistice et se constituent souvent comme des réflexions distancées, voire critiques, sur l'évènement (Anderegg, 1991). La « guerre perdue », « négative », « injuste », se reconstruit au cinéma. C'est ici que naît le sujet de ce livre : que dit la société américaine sur elle-même au lendemain du Vietnam ? Qu'est-ce qui est considéré comme représentable après ce traumatisme national ? D'abord sujet tabou, la guerre du Vietnam devient un sujet de société dans les années 70, au cours d'un processus de « healing collectif », passant notamment par la reconstruction mémorielle de l'évènement (Tessier, 2005, p.116) : les films hollywoodiens des années 80 forment des narrations américaines du Vietnam et prennent part à la représentation du passé, au point de devenir des « films-monuments ». Ces productions, tout à la fois artistiques, commerciales et commémoratives, témoignent d'un imaginaire de guerre et d'une mémoire romancée, parfois fantasmée de l'évènement. Le cinéma de guerre, par définition, répondrait aux besoins d'une société à un moment donné (Eberwein, 2009 ; Devictor, 2015).

> Le vétéran William Adams s'exprime ainsi : « Quand *Platoon* est sorti au cinéma, beaucoup de gens m'ont demandé « est-ce que la guerre était vraiment comme ça ? » Je n'ai jamais trouvé de réponse (...) parce que ce qui est réellement arrivé est à présent si intimement mélangé dans mon esprit avec ce qui a été dit sur ce qui s'est passé que la pure expérience a fini par disparaître (...). »
> La guerre du Vietnam n'est plus tant un événement défini qu'un scénario collectif et mobile dans lequel nous continuons à nous débattre, à effacer et à réécrire nos visions conflictuelles et changeantes de nous-mêmes. (Sturken, 1997, p.86)

La mémoire, plus qu'une représentation collective d'un évènement révolu, est une reconstruction constante et actuelle d'un passé qu'elle entretient (Halbwachs, 2014). C'est ce que montre Marita Sturken dans son ouvrage *Tangled Memories*, en analysant la façon dont la culture américaine a été transformée par l'expérience du Vietnam. Elle s'intéresse aux liens existants entre les images produites, notamment cinématographiques, et la construction d'une mémoire culturelle. La guerre du Vietnam, plus que d'autres évènements historiques, est déformée par l'imaginaire collectif : c'est une « guerre perdue », qu'il s'agit de réécrire, parfois au point de travailler une image déculpabilisante des Américains comme victimes de leur propre action. Ces films, plus que de simples représentations commerciales et esthétiques, témoignent d'une mémoire parfois fantasmée de l'évènement : avec eux, il s'agit d'« inventer le Vietnam » (Anderegg, 1991). L'industrie cinématographique dispose en effet d'un grand pouvoir, financier mais également symbolique : celui de produire des images capables de déformer et de déplacer la connaissance d'une époque (Dittmar et Michaud, 1990). Mais les films ne doivent pas pour autant être compris comme des manipulations volontaires de la réalité sociale. Au contraire, ce cinéma du Vietnam est issu d'un contexte particulier de production et de réception, et se constitue en réponse à « une préoccupation publique urgente, actuelle et profondément ressentie » (Dittmar et Michaud, 1990, p.1).

Le film est à la fois production et réception : coconstruit au cours d'un dialogue constant entre producteurs et récepteurs, le film parle à la société tout autant qu'il l'écoute. Il met en lumière des interrogations propres à une société donnée et se constitue comme discours social : ici, il s'agit de questionner les discours véhiculés, aussi bien dans leur forme que dans leur fond, par les films des années 80 traitant du Vietnam. Penser ainsi le film comme un discours fait partie d'une démarche sociologique encore peu développée en France. En sciences sociales, le cinéma est davantage étudié en tant qu'industrie culturelle ou « institution sociale de production et de réception culturelle » (Ethis, 2005, p.9), que comme représentation du monde social, malgré les grands travaux lancés par Kracauer sur le sujet. Dans son analyse de la cinématographie allemande, *De Caligari à Hitler,* il démontre que les films sont un moyen de comprendre la société qui les produit : le cinéma est pour lui un filtre permettant de questionner une société et ses dispositions mentales. Mais le cinéma, à la croisée du réel et de l'imaginaire, doit moins être compris comme un miroir de la société que comme une « façon de regarder » : « Il permet de distinguer le visible du non-visible, et par-là de reconnaître les limites idéologiques de la perception d'une certaine époque » (Sorlin, 1977, p.242). Plus que simple reproduction de la société, il devient avec Pierre Sorlin une possibilité d'étudier ce qu'une société considère comme représentable à un moment donné. Etudier des images en mouvement, c'est aussi questionner des représentations sociales construites et travaillées ; c'est aussi analyser une forme d'écriture, où les mots deviennent des corps animés et où les chapitres se transforment en séquences. C'est cette perspective qui est adoptée dans ce travail : il s'agit d'étudier le film comme une forme d'écriture située dans le temps et dans l'espace social. Les images du Vietnam, entre réel et fiction, donnent à voir des représentations construites du combattant américain à une époque particulière pour les États-Unis.

Dans les films enfantés par le Vietnam, la figure du soldat américain semble endosser un rôle de revalorisation voire d'expiation de la puissance américaine, critiquée et humiliée pendant le conflit. Dès 1982, le héros de guerre *Rambo* joue du muscle viril pour représenter une puissance américaine retrouvée et endosser des valeurs patriotiques fortes : « Rambo marque l'histoire : décomplexée, une certaine Amérique redevient primitive, revendique son aspect guerrier, sa virilité agressive, pour solder les comptes de sa culpabilité impérialiste et de sa seule défaite militaire » (De Baecque, 2011, p. 464). Pour les États-Unis, représenter le Vietnam passerait avant tout par la représentation du soldat américain en guerre. Utiliser le cinéma permet d'ailleurs de participer à la construction et au maintien de l'image de la virilité qui est diffusée dans la société, au moment où l'identité masculine connait une crise sans précédent aux États-Unis et dans le monde occidental (Courtine et al, 2011). Pour certains, les années Reagan apparaissent comme une recherche de solutions face à cette crise de l'identité masculine apparue dans les années 60 : le discours véhiculé par le cinéma de l'époque permet finalement de « rétablir l'équivalence entre le corps masculin et l'identité nationale » (Meininger, 2000, p.389). Ces mises en scène du combattant font ainsi écho à des enjeux de revalorisation de la société américaine. Le cinéma offre la possibilité de construire un idéal masculin, à même de devenir un symbole de « régénération nationale » et de (re)définir la société en question (Mosse, 1997). Il n'est donc pas étonnant de voir apparaître des types de personnages à l'écran, incarnant des figures de virilité parfois fortement stéréotypées. Le cinéma du Vietnam devient un laboratoire de corps masculins, capables d'« engendrer une représentation de soi collective » (De Baecque, 2011, p.442). Cette « représentation de soi » est cependant sélective. Le moi américain qui est mis en scène dans le cinéma hollywoodien des années 80 se réduit à l'homme, jeune et blanc. Films d'hommes, par des hommes et bien souvent pour des hommes, les films traitant du Vietnam donnent accès à des représentations situées et genrées d'un domaine particulier : la guerre. Cependant, le Vietnam diffère des expériences combattantes traditionnelles en ce qu'elle se range dans la nouvelle catégorie historique de la « guerre moderne » : la fierté du soldat, beau et flamboyant dans son uniforme coloré, a disparu. Stéphane Audoin-Rouzeau va jusqu'à parler d'une « humiliation du guerrier », qui passe notamment par des techniques du corps renouvelées (se recroqueviller, se protéger des explosions, se courber) et éloignées de la posture fière et droite du combattant du $19^{ème}$ siècle. Le soldat est dorénavant « terrorisé », donnant à voir une nouvelle figure du guerrier et amenant à questionner le terme-même de virilité : qu'est-ce qu'un soldat viril aujourd'hui ? Pour répondre à cette question, il est possible de se pencher sur les représentations cinématographiques du combattant moderne. Au cours du $20^{ème}$ siècle, le héros des films d'action semble s'être métamorphosé, s'éloignant de la force et des valeurs du guerrier pour rencontrer une vulnérabilité nouvelle. Ce serait des héros plus humains, incarnations d'une « émotion masculine » (De Baecque, 2011, p.456). Si Antoine De Baecque travaille spécifiquement sur la figure du *westerner* comme héros viril, il est possible de déplacer cette analyse en s'intéressant à une figure de virilité toute aussi présente dans le cinéma américain : celle du soldat. L'hypothèse de départ de cette recherche, reposant sur une représentation plus sensible de l'homme dans le cinéma du Vietnam, s'ancre donc dans un questionnement sur le glissement de la figure du héros viril vers celle du héros sensible.

S'intéresser à des émotions reproduites à l'écran demande d'abord de questionner leurs représentations construites sur des corps masculins : les réalisateurs travaillent à rendre une émotion reconnaissable en piochant dans un répertoire de signes partagés et identifiables. Les émotions, dont les expressions sont socialement déterminées, sont visibles et contextualisées, et font ainsi l'objet d'« identification et attribution » par autrui (Paperman, 1992, p.14). Au cinéma, cette question de la visibilité est centrale, amenant à questionner les manières de mettre en scène un contexte permettant au spectateur de saisir une ou plusieurs émotions. Ces mises en scène sont en grande partie des « mises en corps » : les émotions sont fondamentalement reliées au corps dans leurs expressions et plus encore au visage, qui se retrouve souvent valorisé dans les cadrages de cinéma. Dans les films, ces visages de l'émotion sont incarnés par des acteurs professionnels, qui jouent symboliquement avec leur corps pour donner une apparence d'authenticité : le comédien est « un homme jouant sur un clavier d'émotions » (Le Breton, 2004, p.283). Pour prolonger les mots utilisés par Le Breton, les corps se font « récit » et participent à une « mémoire affective » au travers du cinéma. C'est ce travail émotionnel des corps qui représente le cœur de ce sujet : quelles images du combattant sont mises en scène dans les films issus de la guerre du Vietnam ?

Pour répondre à cette question et explorer cette période cinématographique, cet ouvrage revient sur un corpus de neuf films, ayant chacun donné lieu à des analyses filmiques individuelles. Il s'agit de *Voyage au bout de l'Enfer* (Cimino, 1978), *Apocalypse Now* (Ford Coppola, 1978), *Birdy* (Parker, 1984), *Platoon* (Stone, 1986), *Full Metal Jacket* (Kubrick, 1987), *Hamburger Hill* (Irvin, 987), *Good Morning Vietnam* (Levinson, 1987), *Né un 4 Juillet* (Stone, 1989) et enfin *Casualties of War* (De Palma, 1989). Ce sont des films *sur* la guerre, étant définis soit comme « film de guerre » soit comme « drame » ou « comédie dramatique ». Contrairement à d'autres productions hollywoodiennes de l'époque, les films de ce corpus se constituent comme des restitutions du Vietnam, entre fiction et documentaire : ils sont « entre les deux » en tant que « films historiques » (Dittmar et Michaud, 1990, p.10). De par leur apparence souvent réaliste, ils vont parfois jusqu'à se substituer à des « analyses factuelles » sur le Vietnam (Anderegg, 1991, p.28). Ils sont également des films qui ont réussi à se démarquer du flot de productions cinématographiques des années 80, s'érigeant parfois en incontournables sur la période : salués par la critique, approuvés au box-office, ils sont capables d'évoquer et de représenter dans l'imaginaire collectif du plus grand nombre ce cinéma du Vietnam[9]. Cet imaginaire collectif est d'ailleurs exploré dans ce travail au travers d'entretiens semi-directifs réalisés auprès de cinéphiles et de professionnels des études cinématographiques, assimilés à deux types d'experts. Ces regards extérieurs s'inscrivent dans une étude des interprétations, davantage qu'une véritable sociologie de la réception culturelle. L'analyse filmique et l'entretien sont deux outils sociologiques complémentaires, mobilisés pour étudier les représentations cinématographiques issues d'un contexte historique et social particulier.

Les représentations sensibles du combattant et de la guerre sont explorées dans cet ouvrage à partir de quatre axes de travail. Il s'agit d'abord de partir de l'appellation de « cinéma du Vietnam » (Stora, 1997) pour penser la particularité de ces productions cinématographiques. Les films hollywoodiens issus du conflit vietnamien semblent marquer un point de rupture dans la façon de représenter la guerre à l'écran : les codes dits classiques du film de guerre, sans être totalement absents des trames dramatiques, sont réutilisés et déplacés afin de porter un discours particulier sur le Vietnam. A partir d'un croisement entre entretiens et analyses de films, cette première partie revient sur ce qui constituerait des spécificités du Cinéma du Vietnam. Ce dernier est d'emblée comparé dans les discours cinéphiles aux représentations hollywoodiennes de la Seconde Guerre mondiale, utilisées comme références en matière de

---

[9] Cette hypothèse s'est confirmée au cours des entretiens : les films les plus vus et les plus appréciés par les enquêtés sont systématiquement des films de ce corpus.

mises en scènes d'un conflit armé. C'est au travers de décors, d'ambiances, de rythmes ou encore de sonorités particulières que les films de ce corpus semblent se détacher des productions cinématographiques antérieures. Ces éléments esthétiques viennent à terme porter des discours propres à la période du Vietnam : se mêlent aux images d'un ailleurs hostile et angoissant, des thématiques diverses telles que celles de la perte de sens, de la défaite, des crimes de guerre ou encore des inégalités sociales aux États-Unis.

Le second axe, quant à lui, est l'occasion d'examiner la construction narrative des films sélectionnés. Ces derniers, considérés comme des mises en scènes plus humaines et psychologiques de la guerre par la plupart des enquêtés cinéphiles, suivent des personnages masculins confrontés à l'expérience combattante. Ils donnent ainsi à voir le parcours initiatique du soldat qui rencontre un certain nombre d'épreuves au Vietnam et en sort plus ou moins transformé. Ces évolutions sont ici observées du point de vue des émotions : quelles sont les trajectoires émotionnelles de ces protagonistes qui viennent incarner et symboliser la guerre à l'écran ? Se pencher sur les représentations différenciées des affects selon les périodes du film permet de mettre en lumière l'émergence de types de personnages, ainsi que des récurrences narratives dans la façon de reproduire l'expérience combattante à l'écran. Cette partie propose ainsi de comparer les différents parcours des protagonistes selon qu'il s'agisse de films en plusieurs parties ou de films se concentrant uniquement sur le Vietnam, pour enfin déterminer des invariants émotionnels dans les structures narratives de ce corpus.

Ces trajectoires émotionnelles ne se construisent cependant pas dans un milieu autonome et exclusivement constitué d'un masculin américain. Le troisième axe de recherche revient ainsi sur les différentes figures d'altérité propres aux films de guerre sur le Vietnam. L'Autre est d'abord l'ennemi contre lequel doit se battre le héros : du Viêt-Cong à l'État américain lui-même, les représentations du « méchant » varient d'un film à l'autre, voire se multiplient au sein d'une même production. L'altérité indispensable aux scénarios est également celle représentée par les civils vietnamiens. Hommes, femmes et enfants sont présents dans les décors du Vietnam et sont mis en scène au service du héros qui effectue son parcours combattant. Dans des films dont les personnages principaux sont exclusivement masculins, l'autre est aussi et surtout la figure du féminin : de la femme américaine à celle vietnamienne, en passant par l'association de la nature exotique à un féminin inquiétant et dangereux, les mises en scène du genre opposé sont toujours présentes dans les constructions narratives. Souvent invisibles, mais symboliquement omniprésentes, les femmes sont également essentielles à la construction de la virilité combattante.

Finalement, les émotions semblent occuper une place toute particulière dans les films issus de la guerre du Vietnam. Identifiés comme le cœur des scénarios par la plupart des enquêtés, elles font passer en second plan les discours sur la guerre comprise comme évènement militaire et historique. Ce sont des vécus personnels, mis en scène au travers de personnifications de l'expérience combattante, qui sont valorisés à l'écran. Les émotions servent justement à construire des discours critiques implicites sur l'homme en guerre, confronté à l'absurdité et la folie des combats. Enfin, elles participent à la constitution de types de personnages et à la valorisation des héros de guerre : éloignés de l'image idéalisée de la force virile du soldat, les figures héroïques du Vietnam se révèlent au contraire au travers d'une sensibilité et d'une vulnérabilité renouvelées.

# Présentation du corpus de films

## Le choix des films

Les films retenus dans cette enquête ont tous la particularité d'avoir été tournés et d'être sortis en salle durant les deux décennies directement postérieures à la guerre du Vietnam. Les années 70-80 correspondent en effet à un moment particulier de la production cinématographique hollywoodienne : de nombreux films traitant du conflit vietnamien voient le jour et portent un véritable discours sur cette première grande défaite américaine. Le choix de travailler sur cette période particulière est intrinsèquement lié aux caractéristiques-mêmes de ce cinéma du Vietnam : peu de films contemporains à la guerre ont en effet vu le jour, quand au contraire, les années suivantes connurent une effervescence inédite autour de l'évènement Vietnam. Cette distance temporelle permet de considérer raisonnablement ces films comme des réflexions critiques sur l'engagement américain, mais aussi comme des discours encore jeunes et sensibles aux problématiques de ce conflit. L'idée est ici d'étudier un groupe restreint de productions cinématographiques ayant participé à la reconstruction mémorielle de l'évènement, au lendemain de la guerre.

Parmi ces nombreux films issus du conflit vietnamien et produits aux États-Unis dans les années 70-80, seuls ceux montrant directement la guerre à l'écran ont été retenus : bien que certains se concentrent davantage sur un avant-guerre ou un après-guerre, tous les films du corpus ont la particularité de ne pas seulement évoquer le Vietnam comme sujet de fond, mais de le montrer directement à l'écran. Pour affiner davantage le corpus, la renommée et le succès de ces productions hollywoodiennes ont été pris en compte. Ces films présentent tous la particularité d'avoir une renommée mondiale, à la fois au travers de critiques professionnels et d'autres plus amateurs, de récompenses matérielles et de succès plus ponctuels au box-office. Valoriser le succès d'un film dans une étude sociologique est un parti pris : ces films seraient capables d'évoquer et de représenter dans l'imaginaire collectif du plus grand nombre ce cinéma du Vietnam que nous aimerions explorer. Plus que mondialement connus, ces films sont reconnus à la fois par des institutions et par des avis plus populaires, ce qui les érige en incontournables pour quiconque souhaite étudier les représentations véhiculées par ce cinéma des années 70-80. Récompensés, encensés, ces films sont ainsi devenus des symboles. Ce sont de plus neuf œuvres suffisamment divergentes dans leur scénario et leur composition pour proposer une analyse féconde de ce cinéma du Vietnam.

Il n'est donc pas étonnant que le corpus proposé dans ce travail comporte des films couramment analysés par des spécialistes de l'image : des films comme *Apocalypse Now*, *Platoon*, *Full Metal Jacket* ou encore *Voyage au bout de l'Enfer* sont presque systématiquement traités dans les ouvrages collectifs d'analyse du cinéma de guerre des années 80 (Dittmar et Michaud, 1990 ; Anderegg, 1991 ; Devine, 1995). Cet ouvrage propose cependant de relire ce corpus au travers d'un focus sur les émotions. Bien qu'évoquées dans certaines analyses existantes, ces dernières n'ont jamais fait l'objet d'étude principal des travaux sur la guerre du Vietnam. D'éléments secondaires ou complémentaires, elles passent au premier rang dans ce dossier : toutes les représentations de la guerre du Vietnam et du soldat qui la vit sont questionnées au regard des choix de mises en scène des émotions par le réalisateur et de la place de ces dernières dans la trame dramatique.

## La méthode d'analyse

La méthode d'analyse sur laquelle s'appuie ce travail de terrain se décompose en deux temps principaux : l'analyse individuelle de chaque film, suivie de l'analyse transversale et comparative de ces productions. La méthodologie mobilisée dans cette enquête s'inspire de l'approche proposée par Francis Vanoye et Anne Golliot-Lete dans leur *Précis d'analyse filmique* (2009). Après avoir été présenté au travers de son contexte de réalisation, chaque film a donné lieu à une analyse séquence par séquence. Chaque séquence a en effet été identifiée, délimitée puis résumée, avant d'être étudiée au travers de quatre entrées principales : les personnages et leurs interactions, le décor et l'atmosphère, les principaux cadrages et enfin, le choix de la bande sonore. Cette analyse chronologique et segmentée du film, inspirée de la démarche sémiologique, n'a cependant pas pour objectif de disséquer le film, mais plutôt de le déconstruire pour le rendre à lui-même par la suite, en saisissant les différents réseaux de séquences qui se répondent et se mettent en relation tout au long de la pellicule.

Ces analyses individuelles achevées viennent à terme enrichir une analyse comparative des films, basée sur une grille d'observation élaborée à partir d'une expérience exploratoire d'analyse filmique. Cette dernière n'est évidemment pas exhaustive et ne présente certainement pas tous les points spécifiques à chaque film, mais son objectif est ailleurs. Construite de manière empirique, elle a été pensée pour saisir les articulations entre les principales catégories d'observations : la structuration des films en différentes périodes, le développement de différents types de personnages et les modalités de mise en scène des émotions, s'intéressant notamment à la construction filmique des émotions. Cette analyse comparative a pour objectif de mettre en avant – ou non – des récurrences dans la façon de mettre en scène l'émotion « masculine » à l'écran. L'idée est donc de repérer des procédés communs, ou au contraire, divergents, dans ces mises en scène et de mettre en avant des thématiques récurrentes dans ces films du Vietnam. L'objectif principal est de mettre en perspective ce groupe de films en fonction d'un contexte particulier et de décoder ce que ces discours cinématographiques disent de leur société et de l'image de l'homme viril.

# Les résumés

## Michael Cimino, 1978, *Voyage au bout de l'Enfer*, Universal Pictures

28$^{ème}$ du classement des « 100 meilleurs films américains de tous les temps » de l'American Film Institute et récompensés par pas moins de vingt prix officiels, le film de Michael Cimino se hisse comme incontournable du cinéma du Vietnam. *Voyage au bout de l'Enfer* retrace l'expérience de trois amis d'origine russe vivant dans une petite ville industrielle de Pennsylvanie et décidant de s'engager volontairement au Vietnam. La première partie du film, se déroulant aux Etats-Unis, dépeint le groupe d'amis comme soudés et joyeux avant le départ en guerre. Le Vietnam, toujours présent dans des conversations ou au travers de références visuelles (uniformes, drapeaux, banderoles) est annoncé dès le début du film, mais demeure en toile de fond de la célébration animée d'un mariage au sein du groupe d'amis. La guerre ne fait finalement son apparition qu'au cours de la seconde période du film, qui se concentre exclusivement sur Mike, Nick et Steven, dont les chemins se croisent lors d'un combat contre les Viêt-Cong. Pris au piège, ils sont faits prisonniers de guerre et se retrouvent forcés de participer au jeu cruel de la roulette russe. La guerre en tant que telle est finalement peu présente à l'écran et se trouve majoritairement représentée par cette mise en scène d'un jeu violent et aléatoire. Cette partie marque clairement la rupture entre les différents personnages : Mike endosse le rôle du héros de guerre, quand Nick se fait interner en hôpital psychiatrique et que Steven est gravement blessé aux deux jambes. La dernière période du film débute avec le retour au pays de Mike qui a du mal à se réadapter à son ancienne vie. Le seul point d'accroche qu'il y retrouve est Linda, avec qui il entame une relation amoureuse. Il finit par retrouver Steve, qui s'est fait amputer des deux jambes et qui refuse de rentrer à la maison, et plus tard, Nike, qu'il tente désespérément de secourir. En revenant au Vietnam pour le ramener au pays, il découvre un Nick métamorphosé, enchaînant les roulettes russes jusqu'à sa mort brutale dans un duel avec son meilleur ami.

## Francis Ford Coppola, 1979, *Apocalypse Now*, American Zoetrope

Le second film du corpus est l'œuvre de Francis Ford Coppola, *Apocalypse Now*, sorti en 1979. Né d'une adaptation libre de la nouvelle *Au cœur des ténèbres*, de Joseph Conrad et de conditions presque irréelles de tournage aux Philippines de 1976 à 1977, ce film est une production presque surréaliste sur le Vietnam. « Apocalypse Now n'est pas un film sur le Vietnam, c'est le Vietnam », selon un Ford Coppola qui a pu toucher du doigt la folie de la guerre au cours de son tournage difficile et éprouvant. Le scénario se concentre sur un personnage principal, le capitaine Willard, habitué et marqué par la guerre, au point de devenir fou en l'absence de mission. Cette mission tant attendue arrive, mais s'avère beaucoup plus ardue que prévu : il s'agit de retrouver le colonel Kurtz, qui aurait complètement plongé dans la folie au cœur de la jungle cambodgienne, et de l'exécuter pour mettre fin à ses crimes violents. Ce film est avant tout un voyage, celui de Willard accompagné de coéquipiers inexpérimentés et parfois puérils : un voyage au cœur du Vietnam, entrecoupé de plusieurs rencontres qui vont mettre en avant différents aspects de cette guerre américaine. La destination n'est cependant jamais oubliée, toute aussi fascinante qu'effrayante. Tout le film se construit autour de cette projection vers l'arrivée du voyage, au travers notamment d'une musique qui prend une grande place dans l'évolution du synopsis : la musique devient de plus en plus pesante à mesure que le bateau s'enfonce dans le Vietnam et que les épreuves physiques et émotionnelles se font plus éprouvantes. Cette destination, dès le départ, est marquée de violence et de peur, et entraîne le spectateur dans une découverte de la folie et du chaos qui constituent la guerre du Vietnam selon le réalisateur.

## Alan Parker, 1984, *Birdy,* TriStar

Adaptation d'un roman de William Wharton, ce film retrace une histoire d'amitié entre deux garçons de Philadelphie que tout oppose : Birdy, un jeune homme introverti, passionné par les oiseaux et totalement désintéressé par les préoccupations des jeunes de son âge, et Al, un jeune garçon populaire, sportif et dragueur, qui profite de sa jeunesse. Tous les deux deviennent finalement meilleurs amis et traversent en même temps la guerre du Vietnam, de laquelle ils reviennent transformés. Construit en flash-back, le film part du présent : on y découvre le personnage de Birdy, mutique, enfermé dans une cellule d'hôpital et persuadé d'être un oiseau. Son meilleur ami, Al, blessé au visage, est appelé par le médecin de Birdy afin de participer à son traitement. Pendant ce parcours de guérison qui ne semble mener nulle part, Al fait appel aux souvenirs qu'ils partagent et raconte leur histoire, désespéré de provoquer la moindre réaction chez son ami. S'enchaînent ainsi des scènes de flash-back donnant accès à leurs souvenirs d'adolescence et des scènes au présent, montrant l'impossible interaction entre les deux personnages. D'un côté, Birdy, grand passionné d'oiseaux depuis toujours, rêve de voler et se prend progressivement pour un oiseau, jusqu'à son expérience de la guerre : il devient alors un oiseau et fuit la réalité. De l'autre, Al doit subitement affronter son propre visage déformé par la guerre et faire face au monde sans la présence de son pilier, Birdy. Il sombre progressivement dans la panique et la folie, incapable de vivre cette épreuve traumatisante sans son ami. C'est finalement la fragilité d'Al qui permet à Birdy de retrouver ses esprits : alors qu'Al perd pied et s'effondre dans ses bras, Birdy prononce ses premiers mots. Les deux amis s'enfuient alors ensemble de l'hôpital et regagnent leur liberté.

### Oliver Stone, 1986, *Platoon*, Hemdale

Pensé et réalisé par Oliver Stone, vétéran du Vietnam, ce film se veut une restitution fidèle et sensible de la guerre telle qu'elle a été vécue par des milliers de soldats américains. Le réalisateur se fait commandant sur le plateau, préparant ses acteurs à la manière des militaires dans les années 60 et gommant leur aspect civil de comédien. *Platoon*, c'est bien l'homme-soldat au milieu d'une guerre cruelle, injuste et vide de sens. Comme *Apocalypse Now*, *Platoon* est un film centré sur le « pendant » de la guerre, retraçant le parcours initiatique d'un jeune soldat, Chris Taylor, fraîchement arrivé au Vietnam. Si dans la première partie du film Taylor et ses compagnons découvrent péniblement la réalité de la guerre et font face au quotidien éprouvant d'un soldat dans la jungle, ils se retrouvent vite confrontés à ces Autres, les Vietnamiens. L'une des particularités de ce film est justement d'accorder une place aux civils dans le scénario, leur octroyant une voix et des émotions : ces derniers sont victimes de la violence de Barnes et de son clan. Mais la confrontation n'est pas seulement celle avec l'ennemi, mais aussi celle entre différentes conceptions de la guerre et de l'humain : une scission naît au sein de la section, symbolisée par deux personnages forts, les sergents Barnes et Elias. D'un côté, Barnes, machine de guerre entraînée à haïr et détruire l'ennemi ; de l'autre Elias, humaniste et empathique, qui entrevoit déjà les limites de cette guerre coloniale et injuste. Finalement, les soldats américains finissent par s'entretuer, dans une atmosphère pesante de défaite face au Viêt-Cong. Chris Taylor, ballonné entre ces deux figures paternelles, finit par venger Elias en assassinant Barnes. Blessé et rapatrié, il finit par quitter le Vietnam et témoigne de son expérience militaire : « Nous nous sommes battus contre nous-mêmes ».

## Stanley Kubrick, 1987, *Full Metal Jacket*, Warner Bros Pictures

Le film de Stanley Kubrick est inspiré d'une part par le roman *Le Merdier* de Gustav Hasford, correspondant de presse pendant la guerre, et d'une autre, par les mémoires de guerre de Michael Herr, *Dispatches*. L'objectif de Kubrick à cette époque est de « montrer à quoi la guerre ressemble ». Le tournage se fait dans un terrain vague en Angleterre et tout le décor est artificiellement construit et importé en avion. Le véritable sujet du film n'est donc clairement pas le Vietnam, mais plutôt l'homme confronté au pire et déshumanisé par la violence de guerre. Le film se concentre ainsi sur un groupe de soldats américains, issus du corps des Marines, à la fin des années 1960. Il est construit en deux parties distinctes : une première porte sur la préparation physique et mentale des soldats dans un camp d'entraînement américain ; une seconde montre leur arrivée au Vietnam et l'affrontement entre leur section et un tireur d'élite Viêt-Cong, caché dans les débris de la ville de Huê. Chacune d'elles est marquée par une thématique, une trame dramatique et un dénouement particuliers pour les personnages qui traversent le film. Ce n'est d'ailleurs pas sans raison que cette description rapide du film ne comporte aucun nom de personnages : si ces derniers sont bien nommés, ils ne le sont bien souvent qu'en rapport au groupe, au travers de surnoms (Guignol, Baleine, Cowboy, etc). Ce film met en lumière l'aspect deshumanisant et dépersonnalisant de la transformation de l'homme en soldat et peut s'interpréter comme un discours sur la violence et l'absurdité de la guerre.

## John Irvin, 1987, *Hamburger Hill*, RKO Pictures

L'histoire se déroule au printemps 1969, alors que la guerre est déjà fortement contestée aux États-Unis et que les premières négociations sont entamées pour y mettre fin. La $101^{ème}$ compagnie reçoit l'ordre de poursuivre les combats et de conquérir une colline particulière : la colline 937, surnommée à la fin du film « Hamburger Hill ». Le film suit la progression de deux sections, celle guidée par le sergent Frantz et celle du sergent Worcester, deux amis proches. Les séquences alternent alors entre combats quotidiens et courtes pauses de repos, mettant en avant les difficiles conditions de vie des soldats mobilisés. Pris dans la boue, déambulant dans la jungle et affrontant un ennemi invisible, les soldats perdent progressivement espoir, mais tiennent le coup grâce à un fort sentiment de fraternité et de solidarité. Chaque jour, un camarade perd la vie, et chaque jour, le même scénario recommence. Un jour, alors que les soldats affrontent l'ennemi près du sommet de la colline, les hélicoptères américains reçoivent l'ordre de bombarder la zone, massacrant une grande partie des troupes en même temps que l'ennemi. Malgré un sentiment de trahison et une fatigue générale, les soldats poursuivent leur mission par solidarité pour leurs frères tombés au front : il faut prendre cette colline. Déterminés, ils se lancent dans un dernier affrontement meurtrier au cours du $10^{ème}$ jour de la mission. Les deux sections sont alors décimées et seuls trois soldats parviennent vivants au sommet : le sergent Frantz, le soldat Beletksy et le soldat Washburn. L'armée américaine est officiellement victorieuse. Cependant les pertes sont énormes, et ce, pour presque rien : la colline, dévastée par les explosions et désertée par l'ennemi en fuite, est une maigre consolation pour les survivants qui ont perdu l'entièreté de leur section. Le générique de fin clôture l'adaptation de cette histoire vraie par un poème du Major Davis O'Donnell et par la citation suivante : « La colline de Hamburger a été sécurisée le 20 mai 1969. La guerre pour les collines et les sentiers continue, les lieux et les noms sont oubliés, sauf par ceux qui y étaient. ».

## Barry Levinson, 1987, *Good Morning Vietnam*, Touchstone Pictures

La comédie dramatique *Good Morning Vietnam* retrace l'histoire du disc-jockey et aviateur américain Adrian Cronauer, qui est muté au Vietnam pour tenir une émission de radio à Saïgon au sein de Radio Forces Armées. L'action se déroule entièrement pendant la guerre du Vietnam, en 1965, bien que la guerre ne soit montrée qu'à distance. Elle apparaît à l'écran au cours des diffusions de l'émission radio peu conventionnelle du disc-jockey : le fameux « goooood morning Vietnam » marque le début d'une suite d'émissions déjantées, dans laquelle Cronauer fait de nombreuses imitations et envoient des musiques rock'n'roll au front. L'humour de Cronauer, bien que ne faisant pas l'unanimité, est le moteur principal de l'ambiance joyeuse de cette première partie du film. C'est également le moment de la découverte du Vietnam au travers de personnages vietnamiens et de scènes de vie dans les rues de Saïgon. Le Vietnam apparaît davantage comme un lieu de vacances que comme une zone de guerre. Une rupture apparait au milieu du film, avec l'explosion d'une bombe dans le bar-restaurant préféré d'Adrian Cronauer et de la majorité des personnages du film. Les émissions radio prennent une nouvelle tournure : il ne s'agit plus faire rire et d'écouter du Rock, mais de parler de la guerre et de ses atrocités, ces dernières étant systématiquement censurées par l'armée américaine. Adrian Cronauer met en place une forme de rébellion, en refusant de mentir sur la réalité du Vietnam. S'ensuit un affrontement constant entre lui et les deux personnages réfractaires à son humour, le lieutenant Hauk et le sergent-major Dickerson. La guerre devient de plus en plus présente à l'écran et l'ambiance beaucoup plus complexe, tandis Cronauer doit faire face à l'injustice, la culpabilité, la trahison... Le film se termine sur une révélation bouleversante pour lui : son meilleur ami vietnamien, Tuan, est un traitre ennemi, ce qui vaut la mise à pied d'Adrian, qui finit par quitter le Vietnam.

## Brian De Palma, 1989, *Casualties of war*, Columbia Pictures

*Casualties of war* est l'adaptation cinématographique de l'incident de la Colline 192, un crime de guerre américain ayant eu lieu en 1966. Le film débute sur le personnage principal du film, Eriksson, qui s'endort dans le métro et se souvient du Vietnam : tout le film retrace alors son souvenir de la guerre. Le spectateur est projeté in media res dans la jungle vietnamienne, hostile et violente. Le sergent Meserve, héros de guerre, prend la tête d'un petit groupe d'expédition. D'abord présenté comme un leader courageux, il finit par prendre les traits d'un ennemi cruel. Alors que sa section est envoyée en mission de reconnaissance, loin du camp des Américains, il organise le kidnapping d'une jeune vietnamienne : son objectif est de l'emmener avec eux en mission, de la violer puis de s'en débarrasser. Son plan se concrétise et Eriksson commence progressivement à se détacher du groupe, exprimant son désaccord et tentant de se dresser contre ses camarades. Minoritaire, impuissant, il se fait finalement témoin de la maltraitance de cette jeune vietnamienne, de son viol collectif puis de son meurtre. De retour au camp militaire, Eirksson fait tout pour faire éclater l'histoire mais ses supérieurs, au contraire, font tout pour taire les faits et éviter le scandale. C'est finalement une confession auprès d'un aumônier qui change la donne : une enquête est ouverte et les quatre hommes sont traînés en justice, où ils sont condamnés à plusieurs années de travaux forcés. Eriksson se réveille alors dans le bus, après « un mauvais rêve ». La guerre est finie, l'histoire d'Oanh est révélée.

**Oliver Stone, 1989, *Né un 4 juillet*, TriStar**

Ce second film d'Oliver Stone est une adaptation de l'autobiographie de Ron Kovic, né le jour de la fête nationale américaine. Il retrace ainsi le parcours de vie du jeune Ron, bercé depuis sa plus tendre enfance par des discours patriotiques et des compétitions sportives exigeantes : « petit soldat » de la famille, il semble prédestiné à s'engager au Vietnam. Lorsque l'État appelle les jeunes Américains à s'engager en 1965, il fait partie des premiers volontaires. Sur place, il devient vite un soldat expérimenté et sûr de lui, jusqu'au jour où sa section est mobilisée au cours d'une offensive sur un village vietnamien : persuadée que l'ennemi Viêt-Cong s'y cache, son unité massacre des civils vietnamiens, dont des femmes et des enfants. Lorsqu'ils découvrent leur erreur, il est déjà trop tard. Quelques minutes plus tard, Ron commet une seconde erreur, qui le poursuivra pendant des années : ébloui par le soleil, affolé par les échanges de tirs et déboussolé par le crime auquel il vient de participer, il tue le soldat Wilson, fraîchement mobilisé. Censuré par ses supérieurs, il dissimule son implication dans la mort de son camarade et se retrouve contraint de poursuivre son expérience combattante jusqu'à la blessure qui lui coûtera ses jambes. Rapatrié d'urgence, il intègre un hôpital militaire américain, un endroit insalubre dans lequel le personnel montre ouvertement son mépris pour les vétérans du Vietnam. Ron, pourtant optimiste, fière patriote et déterminé à s'en sortir avec ses deux jambes, finit par tomber dans la dépression. A son retour chez ses parents, il est confronté à sa propre image : celui d'un vétéran du Vietnam qui ne compte pas, voire qui dérange et fait honte. Débute alors un long cheminement personnel, qui le mènera jusqu'au Mexique, pour se pardonner et apprendre à accepter son nouveau corps. De retour au pays, Ron s'engage activement dans le militantisme et devient une figure de proue du mouvement anti-guerre : porte-parole des activistes, il dénonce le mensonge d'État et la manipulation des politiques, véritables coupables des atrocités du Vietnam. Mais l'Amérique n'est pas prête pour un tel discours. Ce n'est qu'en 1976 que sa voix est enfin écoutée et qu'il devient un héros médiatisé. Non pas un héros de guerre, mais un héros militant, figure nationale du pacifisme.

# PREMIÈRE PARTIE

# LE VIETNAM ET LES CODES DE REPRÉSENTATION DE LA GUERRE : UN GENRE PARTICULIER ?

# CHAPITRE 1

# Du World War II Combat Film au Vietnam Combat Film

Les genres cinématographiques, au même titre que les genres artistiques, sont classifiés et différenciés aux travers de certains codes de représentation. Apparaissent ainsi de nombreuses dénominations, fréquemment mobilisées dans le langage commun et présentes dans la plupart des sites d'informations cinématographiques : des films d'action ou d'arts martiaux, en passant par les comédies et les drames, ou encore les péplums, westerns ou films de guerre, les genres cinématographiques sont extrêmement variés. De nombreux chercheurs se sont penchés sur ces différentes catégories, questionnant justement la taxinomie des genres au cinéma. C'est le cas de Raphaëlle Moine qui revient sur le mécanisme d'étiquetage des films dans son ouvrage *Les genres au cinéma* (2008) : les genres semblent être strictement définis et hiérarchisés au travers de leurs formes thématiques, narratives, idéologiques et esthétiques. Elle explique que cet étiquetage est produit par les différents acteurs du monde du cinéma. Les genres ne sont ainsi pas de simples catégories de films, mais aussi et surtout des « catégories de production et d'interprétation » (Moine, 2008, p.6). Etudier la typologie des productions cinématographiques revient finalement à analyser les différents rapports au cinéma et demande de prendre en compte les différents usages qui sont faits de ces genres. Ainsi, Raphaëlle Moine, un peu à la manière d'un sociologue, définit le genre cinématographique comme une construction sociale : les genres sont des constructions empiriques, davantage que des catégories fixes et strictement délimitées.

Etudier les « films de guerre » demande donc se pencher sur la constitution d'un genre cinématographique particulier, en questionnant aussi bien ses formes que ses différents usages au cours du temps : qu'est-ce qu'un film de guerre et comment le reconnait-on ? comment s'est-il démarqué du film d'action ou encore du film historique ? Jeanine Basinger, historienne du cinéma, fait remonter l'origine du film de guerre à la naissance du « World War II Combat Film » au début des années 1940. Dans son ouvrage *The World War II Combat Film : Anatomy of a Genre* (1986), elle s'intéresse à ce qu'elle considère non pas comme un sous-genre du film de guerre, mais bien comme un genre autonome : le film de guerre issu de la Seconde guerre mondiale. Selon elle, ce modèle codifié de représentations de la guerre marque le début d'une structuration du genre plus réputé et plus globalisant du « film de guerre ». Le *combat film* repose sur son propre ensemble de règles, de valeurs fondamentales, de mythes et de techniques de dramatisation, mais Jeanine Basinger insiste bien sur le fait que ces conventions de genre ne sont ni fixes ni uniformes : chaque conflit induit une représentation particulière au contexte de la guerre. Cependant, ce genre issu du deuxième conflit mondial demeure très influent au sein du cinéma Hollywoodien, et ce malgré l'évolution des conflits et de leurs représentations à la fin du $20^{ème}$ siècle et au début du $21^{ème}$ siècle. Essentiellement étudié d'un point de vue narratif, le *combat film* semble se définir au travers de la centralité des combats, de la présence d'un groupe ethniquement mixte qui parvient à surmonter les conflits internes pour devenir une unité de combat cohésive, d'un héros réticent qui est contraint de mener ce groupe, d'un objectif militaire guidant les actions de cette poignée de personnages et d'autres éléments récurrents tels que les enterrements, la quête de sens dans la guerre, un affrontement final avec l'ennemi, etc. Chaque personnage-soldat occupe alors un rôle particulier et a une tendance plus ou moins grande à mourir au combat en fonction de sa position dans le groupe. Ce genre particulier, qui valorise les batailles et l'unité finale d'un groupe face à un ennemi identifié, ne semble plus parfaitement approprié pour représenter le Vietnam.

Il fallait s'attendre à ce que les films sur le Vietnam utilisent l'ancienne définition [du *Combat Film*] à des fins nouvelles, mais même ainsi, il y avait quelque chose dans le *Vietnam combat film* qui semblait être, eh bien, apocalyptique. Ces films, reflétant les sentiments de la nation face à la guerre, portaient en eux un désespoir, une ambivalence et une folie qui suggéraient le dernier hourra pour l'ancienne forme de combat[10]. (Basinger, 1986, préface)

Les films issus de la guerre du Vietnam, que Jeanine Basinger catégorise par l'appellation de *Vietnam combat film*, sont sans cesse opposés au *World War II combat film* dans le discours des enquêtés ; ce dernier apparaissant bel et bien comme une référence mobilisée pour analyser les films du corpus. L'étude transversale des entretiens met en lumière, plus que les points communs, les différences structurantes entre le film de guerre traitant de la Seconde guerre mondiale et celui représentant le Vietnam. Systématiquement, dans le discours des cinéphiles interrogés, le cinéma du Vietnam marque une rupture par rapport aux représentations plus anciennes de la guerre. Si l'on se penche sur leurs descriptions du *World War II combat film*, ce dernier est d'abord identifié comme un genre spectaculaire ancré dans les grandes batailles. Léa relève « ce côté très épique », tandis que Marion parle d'« action », d'immersion « dans la guerre » ou encore de « combats aériens très impressionnants », rejoignant l'opinion de Yann par exemple : « ça [les films sur la guerre du Vietnam] n'a rien à voir avec la Seconde Guerre mondiale, où tu as de grands combats impressionnants avec des soldats qui vraiment vivent l'horreur ». Le film hollywoodien issu du Vietnam est quant à lui décrit comme plus lent, « à la cool », donnant l'impression « qu'ils ne font pas vraiment la guerre » (Yann). Les séquences

---

[10] Traduction de l'auteur. Texte original: « The fact that Vietnam movies used the old definition for new purposes was to be expected, but, even so, there was something about the Vietnam combat film that seemed to be, well, apocalyptic. These movies, reflecting the nation's feelings about the war, had a desperation, an ambivalence, and a madness that suggested the last hurrah for the old combat form. »

qui sont généralement mises en avant dans les discours pour illustrer cette lenteur et cette tension propres au Vietnam sont des moments de déplacement dans la jungle. Les enquêtés mettent en lumière des moments « off », entre les scènes d'affrontement, qui donnent un rythme très particulier aux films du corpus : les soldats américains déambulent dans une jungle inquiétante et hostile, comme dans l'attente continuelle d'une agression ennemie. Il est intéressant de noter que dans les films étudiés, les combats ne sont quasiment jamais de réels affrontements militaires structurés : éparses et isolés, ils font irruption de manière inattendue dans la jungle pendant les patrouilles des troupes américaines. Les deux types de films proposeraient ainsi des rythmes et des mises en scène combattantes très différentes, voire opposées, entre grandes batailles spectaculaires et micro-affrontements ; entre rythme effréné des combats et tension permanente dans la jungle.

Le *Vietnam Combat film* est en effet loin de placer les combats militaires au cœur des scénarios : *Né un 4 juillet* ne contient par exemple que trois scènes de combats ; *Birdy* seulement deux et *Voyage au bout de l'Enfer* n'en contient qu'une seule et unique[11]. Ces observations prennent encore davantage de sens si l'on se concentre sur les films se déroulant exclusivement au Vietnam : dans *Platoon*, six séquences sur trente montrent des combats contre l'ennemi, tandis que dans *Casualties of War*, le ratio descend à seulement trois séquences sur trente-trois. Hamburger Hill est ainsi une exception de ce corpus, alors même que le film ne met en scène qu'une dizaine de scènes de combat (sur un total de quarante séquences). Il est également le seul film du corpus qui met en scène un affrontement final réellement comparable aux modes de représentation du *World War II Combat film*, dans une mise en scène dramatique de l'ascension de la colline 937. Cette

---

[11] Notons que cette unique séquence (séquence 19) ne montre pas le combat en action mais plutôt un affrontement individuel entre Nick et un Viêt-Cong, après que sa section ait été attaquée : il s'agit donc d'un affrontement individuel dans un contexte de destruction passée.

séquence s'étale sur quatorze minutes de film, devenant ainsi la plus longue séquence d'affrontement militaire de ce corpus[12]. Cette quasi absence d'affrontement militaire semble aller de pair avec une invisibilité de l'ennemi. Les enquêtés relèvent ainsi le traitement différencié de l'ennemi selon la guerre représentée à l'écran : dans les narrations du conflit mondial, les ennemis sont clairement identifiés et ont tendance à être assimilés aux « méchants » dans les discours des cinéphiles. Ainsi, Marion décrit les premiers films représentant la Seconde Guerre mondial (dans les années 50-60) comme des productions « très caricaturale[s] », avec les « gentils » Français d'un côté et les « méchants » Allemands de l'autre. De même, Vincent considère que ces films « passe[nt] sous silence le fait que les trois quarts de la population allemande ne savaient même pas ce qu'il se passait dans leur propre pays ». Pour lui, les différences ne sont pas tant « dans la façon de représenter la guerre en elle-même, mais dans les rôles que chacun attribue ». Ce regard manichéen sur l'altérité guerrière est ainsi jugé beaucoup moins prégnant dans les productions plus récentes et notamment dans les représentations des guerres plus modernes. Les films sur le Vietnam se distingueraient en ce que l'ennemi se fait plus complexe et moins identifiable : la figure de l'ennemi reposerait moins sur une altérité nationale (*eux*, les Vietnamiens versus *nous*, les Américains) que sur des rôles attribués à des personnages particuliers, indépendamment de leur camp d'appartenance. Il semble ainsi difficile pour les enquêtés de désigner un ennemi dans les films du corpus : l'ennemi est un personnage mouvant, relatif aux positions des protagonistes, passant tantôt du Viêt-Cong aux hommes politiques restés au pays, en passant par les personnages principaux eux-mêmes. Les ennemis historiques, les Vietnamiens, sont bel et bien cités dans leurs discours mais se révèlent surtout par leur absence. Prenons l'exemple de Marion, qui utilise essentiellement la négation et le champ lexical de l'absence d'identité pour parler de l'ennemi Viêt-Cong : le spectateur ne voit « pas leur

---

[12] La première partie de la séquence 42 de *Full Metal Jacket* dure également quatorze minutes. Elle met cependant en scène un affrontement épisodique, presque individuel, entre les derniers membres de la section de Guignol et une femme sniper embusquée.

visage », ne « sait pas qui ils sont » et ne « distingue pas » de personnage précis, car le Viêt-Cong est surtout symbolisé par des « bonhommes » qui courent dans la jungle et qui portent tous le « même uniforme », d'une manière totalement dépersonnalisée. Enfin, le dernier élément de définition du *WWII combat film* soulevé lors des entretiens, est celui de la représentation d'une guerre sensée, justifiée et finalement juste : les soldats américains savent pourquoi ils se battent et assument le fait de tuer l'ennemi. A l'opposé, le film issu du Vietnam reposerait sur une remise en question de son engagement, voire même sur une quête de sens impossible. Cet obstacle psychologique propre au conflit vietnamien amènerait, selon les enquêtés, à une représentation beaucoup plus humaine et sensible des personnages. A l'opposé des films sur la Seconde Guerre mondiale qui mettraient en avant les grands affrontements et les enjeux militaires de la guerre (comme la victoire finale par exemple), ceux sur le Vietnam valoriseraient davantage le parcours individuel et le vécu des personnages, leurs peurs, leurs traumatismes. Certains enquêtés mettent ainsi le doigt sur le caractère émotionnel de ces derniers[13] : « Quelque part, je pense que le côté émotionnel est plus marqué parce que la personne est davantage seule face à ses émotions et face à ce monde incertain et inconnu pour lui » (Marc), « Ce sont des films qui sont beaucoup plus humains et beaucoup plus proches des personnes qui sont là-bas » (Marion), « Je trouve que ce sont des films de guerre qui vraiment ciblent les émotions. Voilà, pendant la Seconde Guerre mondiale forcément il y en a aussi, mais il y a aussi tout ce côté très épique que je retrouve beaucoup moins dans les films sur la guerre du Vietnam. Je trouve que ça tourne beaucoup plus autour d'un personnage : on voit vraiment ses difficultés, ce n'est pas forcément quelqu'un

---

[13] Notons que le terme « émotion », tout comme ses synonymes, a été exclu des questions du guide d'entretien, afin de ne pas orienter les réponses des enquêtés. Ils n'avaient d'ailleurs pas connaissance du sujet précis de cette recherche (soit la représentation des émotions). Ces assimilations aux films représentant le Vietnam comme mises en scène plus émotionnelles sont donc spontanées.

de fort... Ils sont plus humains je trouve, par rapport à d'autres périodes » (Léa).

Comme l'ont justement mis en avant la plupart des enquêtes, ces représentations différenciées des combats et du combattant font échos à deux contextes très différents : la Seconde Guerre mondiale et la guerre du Vietnam n'ont pas la même forme stratégique et les mêmes techniques de combats, ni les mêmes enjeux politiques et les mêmes résonnances pour la société américaine. Il n'est ainsi pas étonnant que les représentations cinématographiques de la guerre du Vietnam se déplacent, se modifient, par rapport aux productions antérieures. Mais est-il possible de penser le cinéma du Vietnam comme un genre en lui-même ? Sur ce point précis, les positions scientifiques ne font pas consensus : d'un côté, le cinéma du Vietnam ne représente pas « un genre stricto sensu » (Devictor, 2015, p.146) ; d'un autre, il est parfois catégorisé comme un sous-genre du cinéma de guerre (Eberwein, 2009). Chez Robert Eberwein, il va jusqu'à se constituer comme une forme de contre-genre, en travaillant le film anti-guerre : l'auteur prend l'exemple de *Full Metal Jacket* (Stanley Kubrick), qui vient démystifier le film de guerre et la figure de l'héroïsme américain. Le cinéma du Vietnam semble ainsi difficilement définissable comme un genre à part entière, mais apparaît néanmoins comme un ensemble d'œuvres qui réinvestissent et modifient les codes de représentation conventionnels de la guerre. Dans ce livre, il s'agit moins de prouver que le cinéma du Vietnam est un genre en lui-même que de s'intéresser à la façon dont les codes sont renouvelés et déplacés afin de correspondre davantage au discours d'une époque.

> Ils ont fini par codifier un genre par rapport à des archétypes visuels : le fait qu'on ne voit pas l'ennemi, la question de l'invisibilité, de la nature, de la perte de repères, d'orientation, le rapport aux images filmées... Tout cela va constituer un genre qui va être codifié. Mais ils ne sont pas non plus prisonniers de ce genre et c'est d'ailleurs le moment où Hollywood tord aussi les genres. (Agnès Devictor, entretien)

Il ne faut ainsi pas penser le Cinéma du Vietnam comme un genre fixe et fermé, et donc ne pas exclure les nombreux emprunts qui sont effectués par le cinéma de guerre de l'époque. Le film sur le Vietnam pioche dans différents genres, dont le *combat film* (Basinger, 1986) auquel les enquêtés l'opposent pourtant systématiquement, et emprunte aussi au western et au film détective (Hellman, 1991), tordant ainsi les codes de représentation et les genres pour produire un discours. L'intérêt ici est justement de s'intéresser aux discours produits à la suite de la guerre du Vietnam en questionnant ce qu'ils disent mais aussi la manière dont ils le disent. Pour cela, il est nécessaire de se pencher tout à la fois sur la forme et le fond de ces représentations cinématographiques. Ces derniers sont ici séparés afin de mettre en lumière les spécificités à la fois visuelles et narratives de ces films, mais il est important de souligner que les codes de représentations utilisés sont dépendants des thématiques abordées, et inversement. La forme et le fond se répondent sans cesse.

# CHAPITRE 2

# Une esthétique renouvelée : les éléments visuels et sonores propres à la représentation du Vietnam

Si le cinéma du Vietnam emprunte des codes esthétiques à différents genres hollywoodiens, tels que le *World War II Combat Film* ou le Western, il semble néanmoins marquer un tournant dans la façon de représenter la guerre à l'écran. Se pencher sur les points de convergence qui traversent les différents films du corpus permet notamment de mettre en lumière les éléments visuels et sonores participant à un imaginaire de la guerre du Vietnam. Tous les témoignages récoltés rendent compte d'une coloration et d'une ambiance très particulières au conflit vietnamien[14]. Cette singularité passe par les décors, les atmosphères, les costumes ou encore l'esthétique des corps qui sont mis en scène dans ces films. En bref, de tous les ingrédients visuels, parfois sonores, qui permettent à ces productions de se distinguer par rapport aux représentations antérieures des conflits américains. Ce peut être des éléments mis en avant dans les cadrages, des images récurrentes, tout autant que des absences : poser la question des particularités esthétiques de ce cinéma, c'est également s'intéresser au hors-

---

[14] L'analyse transversale des entretiens a permis de révéler une tendance à considérer les films issus du Vietnam comme des productions esthétiques « particulières » : « une coloration particulière » (Vincent), « une ambiance particulière » (Marc), « une ambiance très particulière » (Marion), « une particularité » (Sylvestre Meininger), « une guerre très particulière » (Yann).

champ, à ce que l'on ne voit pas, à ce qui est exclu du visible. Comme invite à le faire Pierre Sorlin dans sa démarche sociologique d'analyse des films, il s'agit de distinguer le « visible » du « non-visible », afin d'étudier les représentations non pas comme des reflets mais comme des « façons de regarder » (Sorlin, 1977, p.242). L'analyse des films ainsi que celle des entretiens a permis de mettre en lumière deux grandes catégories d'éléments esthétiques propre aux productions issues du Vietnam : ce sont d'un côté les décors dépaysants et parfois oppressants d'un ailleurs exotique, et d'autre part, les mises en scène d'une violence de guerre esthétisée et symbolisée par des éléments d'armements modernes. Peu cité mais extrêmement marquant dans les films du Vietnam, c'est enfin un élément sonore qui participe à l'identification de ce cinéma particulier : la musique *rock'n'roll*.

## Des représentations de l'étranger

La grande majorité des films de ce corpus ont été tournés à l'étranger, en Thaïlande ou aux Philippines. *Birdy* d'Alan Parker et *Full Metal Jacket* de Stanley Kubrick représentent en ce sens des exceptions. Le premier, entièrement tourné aux États-Unis, montre peu de scènes de guerre à l'écran, expliquant ainsi la réticence des équipes de réalisation à se déplacer jusqu'en Asie. Le second compte au contraire de nombreuses scènes devant se dérouler à l'étranger : cet étranger, dans l'œuvre de Kubrick, est symbolisé par des immeubles anglais en démolition, des palmiers venus d'Espagne et des arbres en plastique importés de Hong-Kong. Cet univers artificiel, voulu par le réalisateur, est minutieusement travaillé pour se rapprocher des photographies de la ville de Hué, détruite au cours de l'Offensive du Têt en 1968 : le paradoxe de ce truquage visuel réside dans la volonté-même de réalisme de Stanley Kubrick qui souhaitait que chaque trou de balles soit véritablement formé au cours du tournage. Parmi les films tournés en Asie, c'est cette fois le film d'Oliver Stone, *Né un 4 Juillet*, qui se distingue visuellement des autres bande-images : « dans *Né un 4 juillet* on ne voit pas trop cette jungle tropicale, alors qu'elle est très présente dans les autres films » (Yann, entretien). Ce film de 1989 montre au contraire de grandes étendues, des plages ouvertes, bien éloignées des espaces restreints et sombres de la jungle vietnamienne. L'ailleurs y est davantage représenté par les teintes chaudes et oranges des scènes au Vietnam, symboles du soleil levant.

Commencer ainsi par les exceptions de ce corpus permet de mettre en lumière un référent majeur dans les discours des cinéphiles : la jungle, définie comme *le* marqueur du cinéma du Vietnam. Citée six fois sur sept par les enquêtés, elle est présente voire omniprésente dans les six autres films étudiés :

> Ne serait-ce que la jungle, la jungle qui est omniprésente dans tous les films, qui est pesante, qui est infranchissable, qui est vecteur de maladies dans beaucoup de films où on voit les mecs tremper dans des eaux boueuses, jaunâtres, marrons, avec des moustiques (…). Il y a une ambiance extrêmement lourde, imposée par la nature dans laquelle se jouent les évènements, ce qui en fait un acteur quel que soit le film et qui donne une coloration à ces films-là qui est bien particulière. (Vincent, entretien)

Que ce soit la section de Chris Taylor, l'équipage du capitaine Willard, les soldats de la 101$^{\text{ème}}$ compagnie, l'équipe du sergent Meserve, l'animateur radio Adrian Cronauer ou encore Nick et ses deux meilleurs amis, tous rencontrent cette jungle vietnamienne. Elle n'occupe cependant pas la même place dans les bandes-images et les scénarios : pour certains, elle constitue un élément de décor essentiel, quand pour d'autres, elle devient un véritable acteur de l'action. Le premier cas s'illustre parfaitement par les productions de Francis Ford Coppola et de Michael Cimino : leurs personnages se contentent de l'observer à distance et la contournent par l'eau, telle une zone d'ombre, menaçante et dangereuse. Dans *Apocalypse Now*, les protagonistes ne mettent presque jamais les pieds dans la jungle. Lorsque le capitaine Willard et Chef quittent pour la première fois le bateau pour s'enfoncer dans la jungle, ils se retrouvent nez-à-nez avec un Tigre, ce qui déclenche une crise de panique chez Chef (séquence 13). A partir de cet épisode, les personnages ne s'aventurent plus dans la jungle, mais l'observent depuis le bateau, l'affrontent parfois lors d'échanges de tirs avec un ennemi invisible. Ils y retournent une dernière fois lors de l'arrivée dans le camp du général Kurtz, lieu marqué par la folie et la mort. Seuls deux d'entre eux en ressortent vivants. Si la jungle reste omniprésente comme élément visuel de décor, elle n'est ainsi presque jamais dévoilée de l'intérieur, demeurant un lieu mystérieux et quasi fantastique chez Francis Ford Coppola. De même, dans *Voyage au bout de l'enfer*, les personnages ne traversent pas la jungle mais se laissent dériver dans la rivière : lorsque Nick et Steve se retrouvent isolés sur une rive, la bande-image se stoppe pour enchaîner directement avec des images de Saïgon, sans jamais dévoiler le cœur de la jungle vietnamienne (séquences 21 et 22).

Dans d'autres productions, l'exploration de la jungle est au contraire au cœur des représentations filmiques et va parfois jusqu'à devenir un acteur-même du conflit. Dans *Hamburger Hill*, la nature envahit l'image. Dès la deuxième séquence, les combats explosent ; des soldats encore inconnus pour le spectateur se déplacent et se battent dans les hautes herbes. La végétation est en premier plan, dissimulant en partie l'identité des personnages et les actions en cours : mise en avant dans les plans au sol, survolée dans les plans aériens, la nature symbolise un lieu de violence. Voire plus, elle devient un acteur de cette violence : omniprésente à l'écran, elle cache les Viêt-Cong et isole les soldats américains entre eux, les rendant vulnérables face à un adversaire invisible. A la fin de la séquence, les hélicoptères américains bombardent la jungle dans un plan d'ensemble, la constituant en symbole de l'ennemi à vaincre.

Dans ces films-là, la représentation de la nature dépasse d'ailleurs un caractère purement visuel pour proposer une immersion sensorielle absolue. C'est notamment le cas des deuxièmes séquences de *Casualties of War* et de *Platoon*. Dans l'une comme dans l'autre, le spectateur est plongé *in medias res* dans la jungle, découvrant en même temps que les personnages la gorge humide et inquiétante de la nature vietnamienne. Que ce soit au sein de la section d'Eriksson ou celle de Chris Taylor, les protagonistes avancent lentement au milieu des végétations. Leurs déplacements sont alors recouverts par les bruitages des insectes et des feuillages : la jungle se fait entendre. Le spectateur est d'emblée immergé dans ce cinéma du Vietnam, identifiable au travers de ces déplacements récurrents de soldats américains dans une jungle inquiétante et oppressante. C'est finalement une absence d'action militaire, une absence de combats – les soldats marchent, aux aguets, dans une tension permanente et finalement dans l'attente d'une action – qui vient symboliser le Vietnam à l'écran. *Good Morning Vietnam*, film particulier du corpus puisqu'il se définit davantage comme une comédie que comme un drame, reprend de manière caricaturale les codes de représentation du conflit. Au cours de la séquence 43, Adrian Cronauer et son ami Garlick tombent dans un piège Viêt-Cong sur la route et sont contraints de se cacher dans la forêt. Les deux personnages font pour la première fois la découverte de l'expérience militaire au Vietnam et ne sont pas convaincus par cette initiation : « comment on peut faire la guerre dans ce merdier ? Je sais pas où ils sont, je sais même pas où je suis moi » (Cronauer, 1h32min40s). Ce comique de situation met en exergue un élément récurrent de ces films qu'il caricature : la désorientation, la perte de sens, dans un milieu inconnu et semé d'obstacles.

## Zoom sur images : les déplacements dans la jungle

### *Hamburger Hill*
### (John Irvin, 1987), séquence 19

Les soldats marchent lentement dans la jungle, omniprésente dans la bande-image et la bande-son. Souvent en premier plan dans les cadrages, la nature envahit l'écran et isole les soldats. Elle constitue un milieu fermé et hostile : les soldats regardent autour d'eux, face à une menace invisible. Les plans poitrine s'enchaînent, montrant la tension chez les personnages, quand soudain le combat éclate. Cet enchaînement visuel et narratif est récurrent dans les films du corpus.

### *Platoon*
### (Oliver Stone, 1986), séquence 2

La caméra suit les déplacements de Chris Taylor, valorisé par des plans poitrine et des gros plans. La luminosité et la température de couleur sont faibles tandis que le vert domine (nature, uniforme). L'ambiance, lourde, est renforcée par les bruitages de nature et la respiration accentuée de Taylor qui, envahi par les fourmis et suffocant, finit par s'évanouir. L'étroitesse progressive des cadrages participe à la représentation de l'étouffement et de l'oppression.

L'expérience sensorielle proposée par les films du Vietnam amène finalement le spectateur à plonger dans une ambiance lourde et angoissante : Sylvestre Meininger parle de « scènes de suspense » dans la jungle, quand Marion souligne le « côté très étouffant » de cette atmosphère, décrite ensuite comme « lourde » et « inconfortable » par Vincent et Marc. Au-delà des cadrages serrés et de l'aspect clos de la jungle – qui fait des soldats Américains ses captifs –, cette ambiance étouffante est souvent rattachée au climat vietnamien. C'est l'idée de « moiteur » et la présence importante de l'eau[15] qui sont généralement relevées par les enquêtés. L'humidité est en effet très présente dans les films du corpus : elle est visuellement représentée par l'omniprésence de l'eau[16] dans les décors mais aussi par la transpiration des personnages, mise en avant par des très gros plans par exemple. Ce climat particulier a également des répercussions sur la façon de représenter le combattant américain. L'humidité induit des réactions corporelles retranscrites à l'écran mais également des costumes qui perturbent parfois les spectateurs habitués à la rigueur vestimentaire de l'armée : « ils portent des chapeaux à la place des casques. Ils ont des tenues pas forcément règlementaires : ils ont sans doute un treillis en bas mais en haut ils portent un tee-shirt tout à fait classique » (Marc) ; « comme il fait très humide, souvent les vestes des militaires ne comportent plus de manches. Et on a affaire quel que soit le film [sur la guerre du Vietnam] à beaucoup de soldats qui se baladent bras nus »

---

[15] Voici quelques citations tirées des entretiens : « Une chaleur moite » (Marc), « beaucoup de végétation, beaucoup d'eau aussi » (Marion), « il fait très humide » (Vincent).

[16] L'avancée du capitaine Willard dans *Apocalypse Now* se fait exclusivement par la rivière, tandis que l'eau est également centrale dans *Voyage au bout de l'enfer* : les prisonniers s'échappent par la rivière, puis, lorsqu'il revient au Vietnam, Nick fait une traversée sombre et inquiétante de Saïgon par les eaux. De même, les autres films se déroulant au Vietnam mettent en scène des cours d'eau en plein cœur de la jungle (*Platoon, Hamburger Hill, Casualties of War*) et montrent parfois l'océan (*Né un 4 juillet*). L'eau est également systématiquement présente au travers du climat pluvieux du Vietnam, au point que certains combats se déroulent sous la pluie, dans la boue (*Platoon, Hamburger Hill*). Le climat lui-même apparaît comme un nouvel obstacle que les combattants doivent affronter.

(Vincent). C'est la représentation des corps masculins qui est ainsi modifiée par les conditions climatiques, venant mettre en avant des corps dévêtus jusque-là peu dévoilés dans les films de guerre : bras et torse nus, parfois serviette autour du cou et lunettes sur le nez, les soldats américains prennent des airs de vacanciers[17] dans certains cadrages.

Pour certains enquêtés, comme Yann et Vincent, cela joue sur la mise en scène d'une certaine virilité américaine[18]. Le physique des soldats, omniprésents à l'image, est d'ailleurs plus imposant que celui de l'homme vietnamien : « Les effets de mise en scène ou même juste les effets morphologiques, du fait que l'Américain moyen est certainement plus grand, plus baraqué que le physique d'un vietnamien standard, ça accentue encore l'effet visuel entre les deux physiques proposés » (Vincent), « Les Américains, c'est des grands gars. Les Vietnamiens, ils sont menus » (Sylvestre Meininger, entretien). Cette remarque met en lumière l'existence de codes différemment utilisés pour représenter l'homme américain et l'homme vietnamien. L'Autre, le Vietnamien, est soit invisible dans les cadrages, soit intégré comme élément de décor. La grande particularité du cinéma américain issu de la guerre du Vietnam réside justement dans ce traitement de l'ennemi vietnamien : hors-champ, l'ennemi Viêt-Cong est dissimulé dans la forêt et fait finalement très peu d'apparitions à l'écran. La première conséquence de cette invisibilité de l'adversaire se retrouve dans la représentation de combats unilatéraux, durant lesquels les soldats américains envahissent l'écran et les soldats ennemis sont symbolisés par des ombres, des explosions voire par la nature elle-même. A l'opposé se trouve le civil vietnamien qui lui participe au cadre exotique du film comme élément de décor : l'un des enquêtés, Yann, avoue avoir été étonné par la présence régulière de civils vietnamiens qui viennent se mêler aux soldats américains. Cet ailleurs, cet

---

[17] L'analogie entre soldats américains et touristes est très utilisée dans le film *Apocalypse Now*, qui met en scène le faste américain au Vietnam.
[18] « Q : Et alors est-ce que tu trouves que cette « image idéalisée de l'homme viril » [expression utilisée par l'enquêté] est présente dans les films sur le Vietnam ? R : Oui je trouve. Par exemple tu les vois souvent torse nu, les pecs. » (Yann)

exotique relevé par les cinéphiles, est enfin représenté par la vie paysanne et minimaliste des Vietnamiens. Reviennent ainsi régulièrement des éléments de décors tels que des huttes en bambou et en bois, des villages de fortune dans lesquels se mêlent hommes et animaux de la ferme, ou encore des champs de riz cultivés par des silhouettes de femmes.

## Les symboles de la guerre et de la violence

Le cinéma du Vietnam ne se démarque pas seulement par son cadre exotique mais également par les équipements militaires américains qui ont marqué le conflit dans les années 60-70. Parmi eux, c'est l'hélicoptère Bell UH-1 Iroquois, surnommé le Huey, qui est surreprésenté dans la filmographie de l'époque : « les hélicoptères, on voit que ça. Je ne sais pas ce qu'ils avaient dans les années 80 avec les hélicoptères, mais vraiment t'en vois partout » (Yann). Présent dans tous les films du corpus sans exception, il fait même son apparition dans le film *Birdy* pourtant composé de moins de cinq minutes d'images de guerre, ainsi que dans *Good Morning Vietnam* qui ne montre quant à lui aucun affrontement militaire à l'écran. Le Huey, innovation technique des années 50[19], devient un symbole de l'engagement américain au Vietnam. Il participe à une esthétique particulière de la guerre moderne, éloignée de celle des chasseurs de la Seconde Guerre mondiale : « La guerre de Corée, la guerre du Vietnam, ce sont les premières guerres avec les avions à réaction, les avions qu'on ne voit plus et tout d'un coup, la jungle est vaporisée » (Sylvestre Meininger, entretien). Utilisé pour les évacuations et le transport des troupes, il devient également une arme de guerre, symbole de la puissance américaine. La séquence 11 d'*Apocalypse Now* accorde une place toute particulière aux hélicoptères au cours d'une offensive lancée contre un village vietnamien : les avions s'envolent au-dessus du Vietnam sur le rythme de Wagner,

---

[19] Le Huey est un hélicoptère conçu par le constructeur aéronautique américain Bell dans les années 50 et testé en vol pour la première fois en 1956. Il est massivement utilisé au cours de la guerre du Vietnam : pour la première fois, l'hélicoptère joue un rôle décisif dans les opérations militaires américaines.

« Ride of The Valkyries ». Le « bal » peut commencer (colonel Kilgore). La bande-image alterne entre des plans rapprochés sur les armements et les soldats américains, et des plans d'ensemble valorisant la danse des hélicoptères au-dessus de l'océan. Les hélicoptères, ainsi que les différentes parties de leur « corps », sont traités comme des personnages à part entière, se libérant presque de la présence de l'homme : dans de nombreux plans, les soldats disparaissent pour laisser la place aux Huey. Cette séquence devenue culte symbolise la puissance et la supériorité technique américaines.

*Apocalypse Now* **(Francis Ford Coppola, 1979), séquence 11**

Près de dix ans plus tard, l'équipe de *Hamburger Hill* produit une scène assez similaire, durant laquelle les hélicoptères se font personnages principaux de la séquence : il faut attendre plus de deux minutes pour voir apparaître des personnages humains tandis que la danse des hélicoptères se poursuit sur fond de la musique « We Gotta Get Out of This Place » de The Animals. Le Huey, élément visuel clé du cinéma du Vietnam, se fait également entendre dans tous les films du corpus participant ainsi à la saturation sonore des séquences de combat. Le bruit sourd des hélices devient en lui-même une métaphore de la guerre et poursuit les vétérans du Vietnam :

hors-combat, son apparition dans la bande-sonore sert généralement à évoquer le souvenir de la guerre chez l'ancien combattant. Il est souvent représenté au travers d'une analogie avec le ventilateur qui tourne. Ainsi, dans la première séquence d'*Apocalypse Now*, le capitaine Willard revit les combats, allongé sur son lit à Saïgon. De même, dans *Né un 4 juillet*, Ron Kovic est poursuivi par les horreurs de la guerre jusqu'au Mexique : au-dessus de son lit de fortune, le ventilateur est en marche, produisant des ombres sur le plafond. C'est « le cœur de l'hélico qui palpite et qui va finalement finir par incarner la guerre en elle-même » (Agnès Devictor, entretien). La fin de la guerre et la défaite américaine est d'ailleurs symbolisée par la chute d'un Huey dans l'océan pacifique, rapportée à la télévision dans la cinquante-sixième séquence de *Voyage au bout de l'enfer*.

Si les enquêtés jugent la guerre du Vietnam moins spectaculaire et impressionnante que les guerres mondiales d'un point de vue visuel et sonore, cette dernière met bel et bien en scène des affrontements violents, bien qu'au travers de codes esthétiques renouvelés. Eloignée de l'image des grandes batailles de tranchées et des combats à grande échelle, elle n'en est pas moins une guerre-spectacle. Davantage symbolisée par des technologies modernes que directement dévoilée au spectateur, c'est notamment une « guerre pyrotechnique » (Agnès Devictor, entretien) qui est travaillée à l'écran. Le feu, encore plus que les grandes explosions et les bombes, est représentatif du conflit vietnamien dans les films de ce corpus. Il fait son apparition au travers du lance-flamme, qui brûle un village dans la séquence 8 d'*Apocalypse Now* et qui permet à Nick d'achever théâtralement un ennemi dans la séquence 19 de *Voyage au bout de l'Enfer*. C'est aussi l'image d'une jungle enflammée qui semble s'imposer comme code de représentation partagé : le feu ouvre le film *Apocalypse Now* au cours d'un travelling caméra sur des paysages embrasés tandis qu'il ferme le film *Full Metal Jacket* sur une ambiance orangée dans les décombres de Hué. La jungle enflammée est également reprise dans les enchaînements de plans symbolisant la guerre dans *Good Morning Vietnam* et dans *Birdy* : elle vient symboliser la destruction et la violence de la guerre.

Cette mise en scène esthétique de la violence se retrouve également dans la façon de représenter les corps à l'écran. Les blessures, bien que très présentes dans les trames dramatiques, sont généralement peu montrées. Lorsqu'elles le sont, elles sont davantage suggérées qu'ouvertement dévoilées : c'est le cas notamment de l'amputation, élément visuel récurrent dans les films sur la guerre du Vietnam. Que ce soit Steve qui se fait amputer des deux jambes (*Voyage au bout de l'enfer*), le lieutenant Eden qui perd son bras dans une bataille (*Hamburger Hill*), le première classe Eriksson qui se fait témoin des amputations de soldats inconnus (*Casualties of War*) ou encore Ron Kovic qui est soigné dans un hôpital militaire aux côtés de mutilés de guerre (*Né un 4 juillet*), tous sont confrontés à la thématique de la « castration », repérée par Sylvestre Meininger au cours de l'entretien: « le nombre de scènes de suspense où les mecs sont en train de marcher dans la jungle et où on sent qu'il y en a un qui va sauter sur une mine ou qui va se faire tirer dessus et qu'ils vont se retrouver avec une jambe en moins : c'est la peur de la castration. Elle est totalement omniprésente et c'est vraiment une particularité des films sur la guerre du Vietnam ». L'amputation apparaît également comme une marque visuelle permettant d'identifier facilement les anciens combattants à l'écran : les films sur le Vietnam semblent surreprésenter le handicap chez les vétérans de guerre[20]. Fauteuils roulants, bras absents, jambes amputées, autant de marquages visuels utilisés pour symboliser

---

[20] Sur les 2 709 918 Américains ayant servi au Vietnam pendant la guerre, 303 704 soldats furent blessés. Parmi ces blessés, 5 283 perdirent un membre et seulement 1 081 soldats subirent plus d'une amputation (d'après les archives nationales américaines). Si l'on calcule la proportion de soldats ayant perdu un membre par rapport au total de blessés au Vietnam, on obtient un pourcentage de 1,7% d'amputés. Si l'on calcule au contraire la proportion de soldats ayant perdu un membre par rapport au nombre total de vétérans du Vietnam (total de 2 649 378 soldats engagés non morts et non portés disparus pendant les combats), on obtient un pourcentage de 0,2% d'amputés. Il est cependant important de noter que ces pourcentages sont plus importants que ceux de la Seconde guerre mondiale : d'après les statistiques officielles des archives nationales américaines, le taux d'amputation et de paralysie des membres inférieurs a augmenté de 300% par rapport à la Seconde Guerre mondiale.

l'expérience de la guerre. Dans *Né un 4 juillet*, le jeune Ron Kovic croise le regard d'un ancien combattant amputé des deux bras au milieu du défilé de la fête nationale : la bande-sonore s'estompe tandis que la bande-image se rétrécit progressivement sur le visage de Ron et sur celui du vétéran. De même, dans *Birdy*, Al est captivé par l'image d'un homme sans jambes, en train de s'entraîner à monter à la corde dans un gymnase militaire. Dans la pièce se trouvent trois personnages, tous marqués par la guerre : un amputé, un paralysé en fauteuil roulant et Al, un défiguré.

Cependant, cette violence faite au corps est toujours mise à distance : soit au travers d'un tissu intermédiaire (vêtement, bandages), soit au travers d'une bande-image très mobile qui ne s'arrête jamais longtemps sur les blessures, les rendant seulement identifiables à leur couleur rouge. Les enquêtés ne semblent d'ailleurs pas perturbés par la visibilité de la souffrance physique. Lorsque vient la question des scènes « perturbantes », voire « choquantes », ce n'est jamais la violence physique qui est citée mais plutôt la blessure psychique et émotionnelle. Il s'agit d'une violence éloignée, esthétisée, qui ne choque pas : « On retrouve quelque chose qui s'approche d'une recherche de l'esthétique, plus que d'une recherche de la violence » (Vincent). Le sang, très présent dans les bandes-images, est utilisé comme symbole de la blessure et de la mort et invisibilise finalement la blessure en elle-même. C'est le cas par exemple des scènes de violence de *Full Metal Jacket* : le suicide de Baleine, cité comme scène « marquante » mais « pas choquante » par les enquêtés, invisibilise l'impact de la balle tirée dans la bouche du personnage. Seule une marque de sang présente sur le mur concrétise la mort du première classe Baleine. De même, durant le guet-apens du sniper à la séquence 42, un soldat américain tombe dans un piège jugé cruel : l'ennemi invisible tire à plusieurs reprises sur l'homme utilisé comme appât. Un liquide rouge vif, épais et finalement bien éloigné de l'aspect réel du sang, envahit la bande-image de manière presque surréaliste. Ces morts, bien que violentes, demeurent relativement propres à l'écran. Les visages et la chaire visibles à l'écran sont systématiquement épargnés.

*Full Metal Jacket* (Stanley Kubrick, 1987), séquences 25 et 42.
**Les morts de Baleine et Blackboule.**

La représentation de la mort suit la même logique que celle de la blessure de guerre : à l'exception de *Platoon*, qui montre brièvement des cadavres calcinés à l'écran, la majorité des morts sont rendues esthétiques au travers de processus visuels et sonores variés. Les morts valorisées sont toujours celles des personnages identifiés dans la trame dramatique : si les cadavres d'inconnus sont montrés de manière brute et brutale dans *Platoon*, ceux des personnages principaux sont au contraire épargnés par la violence, notamment au niveau des visages qui ne sont jamais abimés. La mort d'Elias est mise en scène de manière spectaculaire à l'écran, érigeant la victime au statut de héros tragique : seul face à un groupe de Viêt-Cong qui le poursuit, sur une musique émouvante, le sergent court sans s'arrêter et met plus d'une minute trente à mourir. L'apogée esthétique de la mort est atteinte à la fin d'un autre film, *Apocalypse Now*, lors de la chute du colonel Kurtz : la scène de l'affrontement final entre ce dernier et le capitaine Willard est mise en parallèle avec celle du sacrifice d'un bœuf dans une ambiance sacrale. Au travers d'un jeu d'ombre et de lumière, la violence de la mise à mort – pourtant portée à coups de machette – n'est jamais montrée. Elle est au contraire suggérée, mise en scène comme une danse rituelle, puis symbolisée par des gros plans sur des parties immobiles du corps de Kurtz : un avant-bras, une main, devenus métonymies de la mort.

## La musique rock'n'roll : le symbole d'une époque

Peu d'éléments sonores ont été cités par les enquêtés pour illustrer la singularité du cinéma du Vietnam. La musique rock, cependant, fait figure d'exception : « Je rattache souvent la guerre du Vietnam à la musique des Rolling Stones, le début du rock'n'roll tel qu'on le connait aujourd'hui » (Marc). Le *rock'n'roll*, apparu aux États-Unis dans les années 50, semble marquer les films hollywoodiens issus de la guerre du Vietnam. *Apocalypse Now* s'ouvre ainsi sur la musique « The End » (1967) de The Doors, reprise lors de la dernière séquence du film, tandis que *Full Metal Jacket* se referme sur la chanson culte des Rolling Stones, « Paint it Black » (1966). La bande-son de *Platoon*, qui pioche également dans la *soul* et la *country* américaines, est marquée quant à elle par la musique « Hello I love you » de The Doors (1968). La chanson « We Gotta Get Out Of This Place » de The Animals (1965), reprise dans la bande originale de *Hamburger Hill*, va jusqu'à devenir « l'hymne du Vietnam » aux yeux des vétérans qui ont été bercés par la musique populaire américaine au cours de leur engagement (Mattmiller, 2006). La guerre du Vietnam semble ainsi se distinguer des conflits antérieurs au travers de leur illustration sonore : pour la première fois au cinéma, les combats et la violence de guerre sont recouverts par une musique populaire américaine, qui plus est, une musique contemporaine au conflit. Si certains films du corpus étudié se munissent d'une bande-originale sur-mesure (*Birdy*, *Casualties of War*, *Né un 4 juillet*, *Apocalypse Now* en partie), d'autres piochent exclusivement dans des musiques populaires sorties au cours du conflit. C'est le cas de *Full Metal Jacket*, qui s'ouvre sur la musique « Hello Vietnam » de Johnny Wright (1965) dont les paroles évoquent directement l'engagement américain :

> Kiss me goodbye and write me while I'm gone
> Goodbye my sweetheart, hello Vietnam
> America has heard the bugle call
> And you know it involves us one and all
> I don't suppose that war will ever end
> There is fighting that will break us up again
> Goodbye my darling, hello Vietnam

L'une des particularités du film est d'utiliser la musique pendant les moments de combat, à l'image des séquences 36 et 37 qui sont accompagnées par la musique « Surfin'Bird » (1963) de The Trashmen. Ces musiques de fond, qui servent parfois de contextes au récit, sont utilisées par Stanley Kubrick de manière parodique, formulant une critique du « sentiment de supériorité nationale et de la complaisance morale du genre conventionnel du *Combat Film* » (Dittmar et Michaud, 1990, p.34). La musique rock, plus qu'un fond sonore, semble aller jusqu'à s'inscrire dans les narrations-mêmes de ces films, jouant un rôle primordial dans les discours portés à l'écran. Le film *Good Morning Vietnam*, qui fait un usage intensif de la musique rock, représente ici un exemple pertinent : la bande-sonore du film repose sur une totalité de trente-sept titres musicaux, dont l'écrasante majorité s'avère être du rock'n'roll. Ce dernier, jugé immoral et transgressif par les supérieurs de Cronauer, est un véritable sujet de discorde dans la trame dramatique : adoré par les soldats américains sur le terrain, promu par le personnage principal du film et finalement censuré par la vieille institution militaire, le rock devient ici un élément central du scénario. D'après Vincent, un enquêté, il participe pleinement à la construction du personnage d'Adrian Cronauer : « le mec branché rock a la psychologie qui va avec le rock. Donc il est forcément transgressif, il a du mal à respecter les ordres et avec l'armée, ça ne va pas coller ». Le rock semble être devenu un outil permettant de représenter la subversion des années contemporaines au conflit vietnamien : repris et porté notamment par les mouvements hippies et anti-guerre des années 60, ce genre musical s'instaure progressivement comme novateur et révolté. Il n'est en ce sens pas étonnant qu'il vienne participer à la représentation de la violence du conflit vietnamien :

> Alimentée par le mouvement pacifiste, la consommation de drogue et ses propres pulsions sexuelles, la violence et la mort, la musique rock a tout simplement changé, et elle a changé d'une manière qui n'a peut-être pas été nécessairement pour le pire en termes esthétiques (...), mais selon toute vraisemblance, la musique s'est déplacée vers le laid dans un sens moral[21]. (Reitinger, 1992, p.53)

La musique rock apparaît ainsi comme un moyen privilégié par les cinéastes de l'époque pour exprimer une sensibilité particulière au conflit vietnamien : elle participe à la construction de discours particuliers, souvent critiques, sur la guerre du Vietnam. L'étude de la bande-sonore des films de ce corpus met en lumière la particularité du traitement cinématographique de cet évènement, mais également l'interdépendance entre un discours et sa forme d'expression.

---

[21] Traduction de l'auteure. Texte original : « Fueled by the peace movement, drug use and its own drives of sex, violence and death, rock music simply changed and it changed in a way that may not have been necesseraly for the worse in aesthetic terms (...), but in all likelihood the music shifted toward the ugly in a moral sense. »

# CHAPITRE 3

# Des thématiques singulières : les éléments narratifs propres au cinéma du Vietnam

Les éléments esthétiques propres à cette cinématographie du Vietnam participent à la construction de discours sur la guerre. Ils sont notamment le cadre utilisé pour représenter et développer des thématiques particulières à cette guerre. Ce chapitre revient sur ces thématiques, en n'en proposant non pas une liste exhaustive, mais en faisant ressortir les éléments scénaristiques récurrents à la fois dans les analyses de films et dans le discours des enquêtés. Ce sont essentiellement des thématiques problématiques qui y définissent le cinéma du Vietnam : il semble s'arrêter principalement sur les aspects négatifs et traumatiques de la guerre, plutôt que sur ses moments grandioses ou ses bienfaits.

> Je trouve que c'est une guerre qui n'est pas du tout magnifiée dans sa façon d'être représentée. En fait, on a vraiment l'impression qu'elle a suscité beaucoup plus d'incompréhension et de peur que de fascination ou que d'aspect, on va dire, un peu incroyable. Il n'y a pas beaucoup de héros de la guerre du Vietnam comme on peut en voir dans d'autres films de guerre. C'est en ça que je trouve que cette guerre est intéressante : c'est qu'elle est un peu différente dans la façon dont elle est traitée au cinéma. (Marion, entretien)

Les principales thématiques qui ont été relevées par les enquêtés et qui sont finalement ressorties des analyses de films s'inscrivent dans cette représentation non « magnifiée » de la guerre. La première est la plus citée par les enquêtés : il s'agit de la thématique du traumatisme et de la torture psychologique, particulièrement utilisée pour définir la singularité des représentations cinématographiques du Vietnam. La seconde, moins mise en lumière dans les entretiens, concerne la mise en scène d'une guerre vaine, vide de sens, dans laquelle les soldats n'arrivent pas toujours à trouver leur place. La troisième est quant à elle beaucoup moins citée par les cinéphiles mais récurrente dans les analyses de film : c'est la représentation des crimes de guerres américains, jusque-là peu inclus dans les éléments narratifs du cinéma de guerre Hollywoodien. Enfin, le cinéma du Vietnam semble porter les problématiques propres à la société américaine des années 60, en accordant une place dans les scénarios aux questions des inégalités sociales et notamment des inégalités raciales.

## Les traumatismes de guerre

Il existe aux États-Unis une littérature scientifique importante sur les vétérans comme représentants, voire victimes du traumatisme américain, ainsi que sur le lien entre Vietnam et troubles psychiatriques. Dès les années 80, Richard A. Gabriel publie un ouvrage au titre particulièrement marquant : *No more Heroes*. Il part de la Seconde guerre Mondiale et remonte jusqu'à la guerre du Vietnam pour penser les traumatismes psychiques issus de la guerre moderne. Ce livre explore ainsi la notion de *blessure* psychique de guerre.

> La guerre n'est plus supportable pour l'esprit humain. (…) En effet, la plus grande menace pour le soldat moderne n'est dorénavant ni la mort ni la blessure. C'est la menace d'être psychologiquement affaibli par la dépression nerveuse. Dans de telles circonstances, on ne peut que se demander quel sens peuvent encore avoir des qualités humaines telles que le courage, l'endurance et l'héroïsme[22]. (Gabriel, 1988, p.43)

---

[22] Traduction de l'auteure. Texte original : « War is no longer tolerable to the human mind. (…) Indeed, the greatest threat to the modern soldier is neither death nor being wounded. It is the threat of being psychiatrically debilitated

Si cet ouvrage ouvre une réflexion importante sur le lien entre développement de la guerre moderne et apparition de troubles psychiatriques chez le soldat, il ne s'attarde que peu sur le cas particulier du Vietnam. Certains auteurs se sont au contraire intéressés au conflit vietnamien comme rupture dans la façon de définir et de traiter les traumatismes issus de l'expérience combattante : c'est ce qu'amène à penser Louis Crocq lorsqu'il analyse *Les traumatismes psychiques de guerre* (1999). Dès son introduction, il décrit l'émergence d'un « Post-Vietnam syndrome », qui donnera lieu quelques temps après au terme de « Post-traumatic Stress Disorder », permettant de nommer les traumatismes de guerre au-delà du seul conflit vietnamien. Le Vietnam est ainsi pensé comme un tournant pour la psychiatrie.

Les soldats américains ayant vécu le Vietnam étaient-ils alors des vétérans différents des autres ? C'est justement la question que se sont posée des chercheurs américains quelques années après la guerre, sans réellement atteindre un consensus. Certains mettent davantage l'accent sur le sentiment de rejet qu'ont pu expérimenter les soldats américains à leur retour du Vietnam, n'étant plus reçus comme des héros de guerre[23]. D'autres, au contraire, s'attachent à montrer que l'image du soldat du Vietnam comme vétéran le plus méprisés de l'histoire ne serait qu'un mythe, construit en grande partie par les discours médiatiques et politiques[24]. Si ces deux positions semblent bien tranchées et ne rendent pas compte de la réelle complexité des expériences de ces vétérans et des réactions multiples de la société américaine à leur retour (Vlieg, 2019), elles portent néanmoins l'intérêt d'ouvrir une réflexion sur le déplacement de l'histoire dans les contenus médiatiques.

---

from mental breakdown. In such circumstances, one can only wonder what meaning such human qualities as courage, endurance, and heroism still have. »

[23] C'est le cas par exemple de l'auteur Murray Polner, qui publie *No Victory Parades* en 1971, un ouvrage issu de 204 entretiens réalisés auprès de vétérans.

[24] Nous pouvons citer ici l'article d'Eric T. Dean Jr., « The Myth of the Troubled and Scorned Vietnam Veteran », publié en 1992. Il cherche à montrer que les vétérans du Vietnam se sont en réalité bien réajustées à la vie civile et sont finalement des vétérans typiques dans bien des aspects.

L'objectif n'est pas ici de trancher sur la réalité de ces retours au pays, mais plutôt de se pencher sur les représentations du vétéran qui semblent aujourd'hui particulièrement partagées dans les consciences collectives : l'image du vétéran est une construction mémorielle, à laquelle participe inévitablement le cinéma du Vietnam. Dans les résultats des entretiens menés auprès de cinéphiles, le traumatisme de guerre se hisse à la première place lorsqu'il s'agit de décrire les particularités scénaristiques de ces productions hollywoodiennes.

> Que ce soit *Good Morning Vietnam*, A*pocalypse Now*, *Platoon*, *Full Metal Jacket* ou *Voyage au bout de l'Enfer,* on voit surtout un impact qui n'est pas violent au sens physique du terme, mais qui est violent au sens psychologique. Je trouve que dans ces films-là, même s'il y a de la violence (pas dans tous), elle est là pour montrer qu'il y a la guerre, mais pas pour montrer la violence en elle-même. Elle est là pour montrer la dégradation du cerveau par rapport à cette violence. Et c'est beaucoup plus insidieux. (Vincent, entretien)

La notion de traumatisme et son champ lexical[25] représentent de loin le vocabulaire le plus mobilisé par les enquêtés pour décrire la singularité scénaristique du cinéma du Vietnam. Le mot traumatisme apparaît ainsi onze fois dans le premier entretien, douze fois dans le second et quatre fois dans le cinquième. La guerre du Vietnam est d'emblée inscrite dans leurs imaginaires comme une épreuve traumatique davantage que comme un conflit meurtrier : la violence physique est bien moins développée dans les réponses des cinéphiles que la « violence psychologique ». Deux enquêtées vont jusqu'à mettre en premier plan la représentation du traumatisme pour répondre à la question portant sur les points communs entre tous les films du corpus :

> Souvent, dans les films sur la guerre du Vietnam, je trouve qu'on voit vraiment le traumatisme qu'a été cette guerre pour les EU. Je trouve que c'est vraiment un genre de films dans lesquels ils font

---

[25] Les termes les plus utilisés dans les entretiens sont « traumatisme », « traumatisé », « traumatisant » mais aussi le terme « psychologique » (blessure psychologique, torture psychologique de la guerre...).

beaucoup ressortir ça, plus que dans d'autres films de guerre. (Marion, entretien)

Après je pense que le gros point commun de ces films, c'est les traumatismes de la guerre. C'est à quel point la guerre peut terroriser, peut détruire les gens qui y participent. Je pense que c'est quand même quelque chose qu'on retrouve dans tous les films de guerre, et particulièrement dans ceux sur la guerre du Vietnam. Je trouve que c'est particulièrement une guerre pour laquelle l'horreur de la guerre est la chose sur laquelle on insiste beaucoup plus au cinéma. (Léa, entretien)

De nombreux films du corpus sont cités par les enquêtés pour illustrer leurs propos, mettant en avant les différentes formes que peut prendre la notion de « traumatisme ». Elle est utilisée le plus souvent pour désigner les figures du vétéran, à l'instar de celles de Christopher Walken dans *Voyage au bout de l'enfer*, de Ron Kovic dans *Né un 4 juillet* et de Birdy : c'est l'image de l'homme qui n'arrive pas à se remettre de son expérience de la guerre ou qui y parvient, mais seulement après un long cheminement thérapeutique. C'est le traumatisme d'après-guerre, souvent assimilé à l'idée de « folie » chez les enquêtés (Marc, Yann). Les « fous » de ce corpus sont généralement Baleine dans *Full Metal Jacket*, qui finit par tuer son supérieur et se suicider d'une balle dans la bouche, et *Birdy* qui est interné en hôpital psychiatrique après la guerre car il pense être un oiseau. Ce dernier film, du même nom que son personnage, semble reprendre des codes de représentation de la folie et de l'internement psychiatrique : des grilles, des espaces clos et surveillés, des pièces blanches et froides, des ouvertures très limitées, des personnages symboliques de l'hôpital psychiatrique comme le médecin et l'infirmière, et enfin un personnage en chemise de nuit, mutique et se comportant de manière décalée. Le traumatisme mental est ici assimilé à la folie et à l'enfermement, à la fois physique et psychologique, d'un personnage qui fuit la réalité après le Vietnam. Ce film est décrit par l'un des enquêtés comme « très psychologique » de par sa structure (un scénario par flash-backs) et sa trame dramatique (l'impossible guérison d'un vétéran du Vietnam).

Le traumatisme apparaît cependant bien plus tôt, dès les combats voire même dès les entraînements, lorsque les personnages font l'expérience de la violence. Cet aspect traumatique des films du Vietnam est formulé au travers de l'idée de « pression psychologique » (Marc) ou de « violence psychologique » (Vincent) subie par les personnages au cours de leur expérience militaire. Cette pression est en effet présente dans beaucoup de films du corpus, bien que sous des formes différentes. Il est intéressant de noter que même un film comique comme *Good Morning Vietnam* met en scène une certaine violence symbolique et psychologique chez le personnage principal : l'animateur radio subit la censure constante de ses informations, étant ainsi réduit à mentir à ses auditeurs, jusqu'au jour où il décide de braver l'autorité militaire et de mettre fin à cette situation oppressante. Comme dans cet exemple, la pression psychologique est généralement exercée *par le haut* : c'est soit le fait de l'institution militaire qui censure et brime les soldats[26], soit celui d'un supérieur direct qui exerce une violence symbolique sur les soldats de classe inférieure[27]. Ce dernier cas de figure est parfaitement représenté par la première partie du film *Full Metal Jacket*, durant laquelle de jeunes recrues sont entraînées et préparées à la dure par le sergent-instructeur Hartman. Vincent décrit le personnage comme un « harceleur » : tout-puissant dans cette première partie, Hartman rabaisse et insulte ses recrues jusqu'à les pousser à bout, entraînant ici non pas une maltraitance physique mais psychologique. Baleine, personnage fragile et exclu du groupe, n'est pas suffisamment fort psychologiquement pour survivre à cette première expérience militaire et meurt avant même de mettre les pieds au Vietnam. C'est finalement le terme fort de « torture psychologique » qui est utilisé à plusieurs reprises par l'un des enquêtés pour évoquer cet entraînement militaire, mais également pour

---

[26] Cette mise en scène de la pression de l'institution militaire est présente dans plusieurs films du corpus : c'est la censure subie par Cronauer dans *Good Morning Vietnam*, mais aussi celles imposées à Eriksson dans *Casualties of war* et à Ron Kovic dans *Né un 4 juillet*. Témoins d'actes criminels et graves, ils sont contraints de garder le silence.

[27] Cette censure est parfois personnifiée par un personnage autoritaire comme c'est le cas par exemple dans *Platoon* : Chris Taylor garde le silence après le meurtre de son ami le sergent Elias car le coupable, le sergent Barnes, est un leader intouchable et menaçant.

nommer le jeu de la roulette russe dans *Voyage au bout de l'enfer*. Prisonniers dans un camp ennemi, les personnages sont contraints d'appuyer eux-mêmes sur la détente alors qu'ils tiennent le pistolet au niveau de leur tête, sous les regards et les rires des tortionnaires vietnamiens. Il est intéressant de noter que ce lieu de « torture » n'est pas assimilé à une violence et une douleur physique – les geôliers ne levant presque jamais la main sur leurs prisonniers – mais plutôt à une souffrance psychologique : c'est l'acte de suicide qui est imposé aux soldats américains, encore et encore, jusqu'à ce que la balle sorte pour de bon.

Le suicide n'est d'ailleurs pas absent des trames dramatiques du cinéma du Vietnam. Au contraire, il fait partie des séquences jugées les plus marquantes par les cinéphiles, qui citent majoritairement les personnages de Christopher Walken[28] dans *Voyage au bout de l'Enfer* et de Baleine[29] dans *Full Metal Jacket* dans leurs réponses. Christopher Walken, alias Nick, est l'un des trois personnages principaux du film de Michael Cimino. Contrairement à ces deux amis, il ne rentre pas du Vietnam : traumatisé par ce qu'il a vécu, il reste à Saïgon où il enchaîne les tournois de roulette russe jusqu'à la séquence 55, dans lequel il finit par perdre et mourir. Ce personnage est cité quatre fois sur cinq par les cinéphiles, dont trois fois comme « personnage de film de guerre le plus marquant ». Lorsqu'ils justifient ce choix, les enquêtés font systématiquement référence à son traumatisme : c'est « un personnage brisé », « terrifié », « fragile » et « humain », vivant un « vrai traumatisme ». La scène de sa mort est d'ailleurs décrite comme particulièrement marquante et choquante par les enquêtés : « Il préfère ne pas revenir de la guerre et mourir là-bas, ça m'a énormément marquée » (Léa) ; « C'est une scène de suicide à l'écran » (Marion), « Christopher Walken dans *Voyage au bout de l'Enfer*, ça m'a énormément choqué et pendant très

---

[28] Christopher Walken est l'acteur interprétant le rôle de Nick dans *Voyage au bout de l'enfer* : les enquêtés le nomment systématiquement par son nom d'acteur, qui est donc conservé ici pour le désigner.
[29] Baleine est le surnom de Léonard Laurence (joué par Vincent D'Onofrio) dans *Full Metal Jacket* : il est presque systématiquement nommé par son surnom dans le film et dans le discours des enquêtés.

longtemps je n'ai pas pu revoir un film sur le Vietnam » (Vincent). Sur la seconde place du podium, arrive donc le personnage de Baleine, dans le film de Stanley Kubrick : il est quant à lui cité deux fois comme « personnage de film de guerre le plus marquant ». Bien qu'il disparaisse tôt dans la trame dramatique, il est souvent décrit comme un personnage central du film : « Quand on a *vu Full Metal Jacket*, c'est le personnage dont on se souvient longtemps » (Léa) ; « C'est limite le personnage principal du film » (Yann) ; « Celui qui m'a le plus marqué en termes de personnage, c'est celui qui ne voit pas la guerre : c'est Baleine dans *Full Metal Jacket* » (Vincent). Ils justifient leur choix en le décrivant comme « complètement à côté de la plaque », « pris dans la folie » et finalement, particulièrement « touchant ». Sa scène de suicide revient ainsi de manière récurrente dans les entretiens, se hissant au rang de symbole de la cinématographie du Vietnam. Le traumatisme, et plus encore la folie, telle qu'elle est personnifiée par le personnage de Baleine, est un élément narratif marquant très fortement les films issus de ce conflit.

## La thématique de la guerre vaine

D'un point de vue historique, la guerre du Vietnam est systématiquement décrite par les enquêtés comme une guerre perdue et une défaite américaine. D'un point de vue cinématographique, ce n'est pourtant pas la thématique de la défaite qui est la plus présente dans les trames dramatiques, tout comme dans le discours des cinéphiles. La défaite n'est en réalité que très peu montrée dans les films de ce corpus[30] comme le souligne un des enquêtés : « Tu as l'impression que

---

[30] *Voyage au bout de l'enfer* est le seul film du corpus à clairement informer le spectateur sur la défaite américaine : lors d'une émission télévisée à la séquence 56, une présentatrice annonce la fin de la guerre et le retrait américain du Vietnam. Les autres films ne formulent jamais la défaite finale, bien qu'ils montrent parfois des défaites épisodiques au cours d'affrontements (ex : la section de Chris Taylor perd un combat contre les Viêt-Cong dans *Platoon*, mais la guerre se poursuit). Certains films se terminent même sur une victoire américaine (comme par exemple *Full Metal Jacket* et *Hamburger Hill*).

ça se termine toujours sur une victoire. Alors qu'en fait, ils ont perdu. Mais ça, ils ne le montrent pas clairement dans les films. C'est peut-être sous-entendu, mais ce n'est pas montré » (Yann). Cet échec américain, bien qu'au cœur des problématiques soulevées par ces films, est finalement dissimulé à l'écran et symbolisé par d'autres éléments scénaristiques. C'est la thématique d'une guerre vaine, plutôt que celle d'une défaite militaire, qui est reprise majoritairement dans le cinéma du Vietnam. Pour de nombreux personnages mis en scène, c'est en effet une guerre qui manque de sens : pourquoi et pour qui se battre ? Voilà une question récurrente qui se retrouve de manière plus ou moins explicite dans les films de guerre étudiés. Les soldats du Vietnam « ne savent pas pourquoi ils se battent » (Vincent).

> Le fait de se poser la question : « qu'est-ce qu'on fout là ? », ce qui n'est pas le cas des films sur la Seconde Guerre mondiale (…). Ça plane sur les films du Nouvel Hollywood qui sont quand même plus interrogatifs sur le bienfondé de cette intervention, sa légitimité. Dans tous les cas, ce sont plus des films de questionnements, d'ouvertures, plus que des films de certitudes.
> (Agnès Devictor, entretien)

La quête de sens est ainsi un fil directeur dans le film de Francis Ford Coppola, *Apocalypse Now*, qui prend la forme d'un voyage dans le chaos, la violence et la folie. Elle se retrouve notamment dans une tirade d'Henri, un colon français, qui revient sur les raisons de se battre des Français à l'époque de l'Indochine : « Nous voulons rester ici parce que c'est à nous, ça nous appartient », précise-t-il en insistant sur le passé colonial des Français et ce que les colons ont apporté au pays, qui est d'ailleurs assimilé à un territoire français. « Mais vous les Américains, ce que vous faites est fou, vous vous battez… pour rien. Rien du tout », dit-il à Willard (séquence 28). Cette thématique se retrouve également dans les questionnements du héros de *Platoon* : jeune idéaliste tout juste sorti des bancs de l'université, Chris Taylor s'engage volontairement dans l'armée pour défendre des valeurs qui lui sont chères. Pourtant, dès la première semaine au Vietnam, il perd tout repère et ne sait finalement plus pourquoi se battre : la guerre est presque décevante à ses yeux. Il faut se battre, un point c'est tout. La déception et la désillusion des personnages semblent être une construction narrative très utilisée dans les films du corpus : des personnages comme Ron Kovic dans *Né un 4 juillet*, Cowboy dans *Full Metal Jacket* ou encore Al dans *Birdy* connaissent un cheminement de pensée assez similaire à celui de Chris Taylor dans *Platoon*. La réalité de la guerre met à mal les conceptions idéalistes de ces jeunes hommes qui finissent par remettre en question leur engagement à l'origine volontaire. C'est principalement dans des dialogues, discours ou des témoignages oralisés que sont parfois formulés ces doutes et questionnements quant aux bienfondés de la guerre du Vietnam.

C'est également l'absence de véritables objectifs dans les trames scénaristiques qui semble mettre en avant ces combats insensés, parfois absurdes. L'objectif final, défini comme un des critères centraux du *Combat Film* (Basinger, 1986), est peu présent dans les films de ce corpus. Dans certains films, ces objectifs ne sont pas clairement définis pour le spectateur : ce dernier voit Nick affronter un Viêt-Cong isolé dans un village (*Voyage au bout de l'Enfer*), Ron Kovic participer à plusieurs combats sur la plage (*Né un 4 juillet*), Al et Birdy courir dans la jungle sous les attaques ennemies (*Birdy*) ou encore la section de Chris Taylor avancer dans la jungle (*Platoon*). Chacune de ces actions deviennent centrales à l'écran, ne semblant pas clairement s'inscrire dans une mission militaire. Cette impression d'absence de but clair est d'ailleurs renforcée par le fait que le dénouement de ces affrontements est rarement montré à l'écran, ou lorsqu'il l'est, passe souvent en second plan. Chez d'autres, ces objectifs sont clairement formulés et sont au contraire très précis mais épisodiques par rapport au contexte général de la guerre : l'équipe de Willard doit ainsi éliminer un colonel américain devenu fou (*Apocalypse Now*) tandis que la section de Cowboy se retrouve à affronter un sniper invisible dont la suppression marque la fin de l'intrigue (*Full Metal Jacket*). Dans *Hamburger Hill*, la mission donnée à la 101$^{\text{ème}}$ compagnie est en elle-même vaine et absurde : les soldats américains sont envoyés dans la vallée d'A Shau comme chair à canon et ont pour ordre de prendre une colline. Cette colline prend le nom de « colline du hamburger » en référence aux nombreuses pertes qu'ont subi les troupes américaines au cours d'une mission en mai 1969[31] : cette bataille, référence historique de la guerre du Vietnam, est l'une des plus controversée et critiquée du conflit. Très médiatisée, elle est remise en question par l'opinion publique et certains hommes politiques qui se demandent si les raisons motivant cette opération étaient finalement suffisantes pour justifier le massacre qui y a eu lieu. D'autant plus qu'une quinzaine de jours après la prise de cette position, la colline est abandonnée par les forces américaines et ainsi récupérée par l'armée Viêt-Cong. Le film *Hamburger Hill* est ainsi un film qui symbolise en lui-même les opérations vaines et inutiles du Vietnam et qui met en avant l'absurdité des combats, en représentant un massacre continuel pendant plus d'une heure à l'écran.

---

[31] La bataille d'Hamburger Hill s'est déroulée entre le 10 et le 20 mai 1969 : le 187ème régiment d'infanterie de l'armée américaine est envoyé dans la vallée d'A Shau pour prendre la colline 937. Pendant dix jours, ils récupèrent mètre par mètre la colline, face à un ennemi invisibilisé dans des retranchements qui le protègent notamment des bombardements américains. Les affrontements font 72 morts et 370 blessés du côté américain. Leurs conséquences sont aussi et surtout médiatiques : l'appellation « hamburger hill » est massivement réutilisée dans les médias et va jusqu'à gagner les bancs du congrès des États-Unis. Face à ces réactions très critiques, le général Abrams est contraint de modifier sa stratégie d'action au Vietnam afin de réduire les pertes américaines. La bataille d'Hamburger Hill devient ainsi le symbole de la guerre vaine.

### Zoom sur séquence : *Full Metal Jacket*, séquence 39, l'interview des soldats

Cette séquence met en scène les interviews des membres de la section de Guignol. La question posée par le journaliste n'est pas indiquée dans la bande-sonore, mais se devine au travers des réponses des soldats qui donnent chacun leur tout leur opinion sur le Vietnam. Cette scène illustre les motivations des soldats et ce qu'ils considèrent comme important dans cette guerre : les réponses sont diverses et variées, mettant en lumière les différents discours américains sur la guerre. C'est cependant la réponse de Guignol, totalement absurde, qui ferme la séquence et conclue ces interviews.

**Brute Epaisse** parle uniquement des armements militaires et des stratégies de combat. Ce qui le motive dans la guerre, c'est l'action : « On fait le ménage et après ils font tout péter ».

**Cowboy** est le plus critique vis-à-vis de la guerre : il parle de l'idée qu'il avait du Vietnam avant de s'engager et de celle qu'il a maintenant, mettant en avant sa désillusion face à l'engagement américain. Il finit par conclure : « Je déteste le Vietnam ».

**Blackboule** reprend quant à lui un discours colonialiste, reposant sur la mission civilisatrice et libératrice américaine. Il critique les Vietnamiens qui ne veulent pas de cette guerre et n'acceptent pas leur présence : « Le Sud-Vietnam ne veut pas la faire cette guerre-là (...). Ils nous ont pris notre liberté et puis ils l'ont donné au Vietcong ! Ils préfèrent la vie à la liberté. Enfin je crois. Pauvres enfoirés. »

**Guignol,** le dernier à passer, répond par un discours décalé : « Je voulais voir l'exotisme du Vietnam, qui est le joyau du sud-est asiatique. Je voulais parler à des gens intéressants, enrichissants de par leur culture ancestrale, et les tuer. Je voulais être le premier petit gars de mon immeuble à avoir un mort certifié ». Armé de son humour noir, il met en avant l'absurdité de l'engagement américain au Vietnam.

## La représentation des crimes de guerre américains

Le cinéma du Vietnam se singularise également au travers d'un certain regard critique vis-à-vis des agissements des soldats américains au Vietnam. A l'exception de *Voyage au bout de l'enfer*, qui reprend la représentation plus traditionnelle d'un ennemi sadique et d'un héros-victime, les autres films ne semblent pas avoir de mal à représenter la cruauté du côté américain. Le crime de guerre concerne la plupart du temps des actes commis contre les civils vietnamiens. Il est par exemple anecdotique dans *Full Metal Jacket* : au cours de la séquence 32, un soldat prend plaisir à tirer sur des civils en train de travailler dans les champs. Le crime n'est ici pas central dans le scénario mais est plutôt mis en scène comme un évènement épisodique et normalisé en temps de guerre. Dans d'autres films, il est au contraire le nœud même de la trame dramatique. C'est le cas par exemple pour les deux films d'Oliver Stone, *Platoon* et *Né un 4 juillet*. Dans le premier, la séquence 14 met en scène le sac d'un village vietnamien, incluant la mort violente d'une femme jugée trop bruyante dans ses cris et ses pleurs. Cette séquence est la plus longue du film et se situe à l'exact milieu de la trame narrative : elle marque, entre autres, le point de rupture entre les différents membres de la section et le point de départ d'un affrontement interne. Dans le second, la séquence 18 marque le massacre involontaire de femmes et d'enfants, toujours dans un petit village vietnamien. Si ce crime de guerre est accidentel, il est néanmoins central dans le scénario et représente le nœud de l'histoire : Ron Kovic, de retour aux États-Unis, doit faire le deuil de cet épisode et se pardonner pour sa participation à ce massacre. La culpabilité des personnages devient parfois le sujet-même de certaines mises en scène, prolongeant les crimes de guerre commis au Vietnam. Au cours de la séquence 63 du film, Ron Kovic et Charlie, un vétéran rencontré au Mexique, se rendent compte qu'ils ont tous deux commis des crimes de guerre. Leur culpabilité s'exprime au cours d'une dispute houleuse, tournée en ridicule à l'écran : les deux hommes en fauteuil roulant se tournent autour et finissent par se cracher au visage alternativement. Charlie lance le sujet des bébés : « On m'a fait tuer des bébés, des petits bébés niaks », crie-t-il à Ron. Il provoque ensuite ce dernier en le traitant de menteur : selon lui, Ron n'a tué personne au Vietnam et joue les héros. S'ensuit la réponse de Ron :

Qu'est-ce que t'en sais ? Peut-être que j'ai tué des bébés. Peut-être que j'ai tué plus de bébés que toi pauvre con. Peut-être que j'ai tué des armées de bébés, mais je ne m'en vante pas ! (Réplique de Ron Kovic, séquence 63)

Le sujet de la dispute ainsi que la mise en scène du combat entre les personnages rendent cette scène presque humoristique, tout en abordant un sujet sensible pour les vétérans du Vietnam[32] : le fait d'avoir été amenés à tuer des innocents parmi les civils vietnamiens. Cette séquence arrive justement à la fin du long cheminement psychologique chez Ron, qui est hanté par les pleurs du bébé qu'il a dû abandonner sur place pendant un combat, après avoir participé au meurtre de sa famille.

C'est cependant avec le film *Casualties of war* que le crime de guerre devient l'évènement principal d'un film. La guerre semble ne devenir qu'une toile de fond, un contexte explicatif, dans lequel les personnages évoluent. Traduit par le titre « Outrages » en français, ce film raconte l'histoire vraie d'une jeune vietnamienne qui a été kidnappée par un groupe de soldats américains, violée puis assassinée. Le crime de guerre, comme fait réel, est ici porté à l'écran et devient le cœur de la trame dramatique. Il est annoncé dès le début du film, qui s'ouvre sur un écran noir, sur lequel le spectateur peut lire les phrases suivantes : « Ce film est basé sur un incident réel qui s'est produit pendant la guerre du Vietnam. Il a été rapporté pour la première fois par Daniel Lang dans le magazine The New Yorker en 1969[33]. ». Il est intéressant de noter que ce film clôture le corpus : sorti en 1990, il est à l'opposé du premier film étudié, *Voyage au bout de l'enfer* (1978), qui lui passe sous silence tout mauvais comportement américain.

---

[32] Notons que ce film retrace la vie du vétéran Ron Kovic : tous les épisodes de guerre et d'après-guerre (dont le massacre d'enfants et la culpabilité du personnage) sont des faits avérés, bien qu'esthétisés à l'écran.
[33] Traduction de l'auteure. Texte original : « This film is based on an actual incident that occured during the Vietnam War. It was first reported by Daniel Lang in The New Yorker magazine in 1969. »

## Les inégalités sociales en toile de fond

C'est une façon de mettre en crise l'évolution de la société américaine, mais de le faire à distance. En fait, on règle les problèmes de la société américaine au Vietnam : la drogue, la question noire, la violence, les divorces, le changement de rapport à l'autorité... sont finalement réglés à distance. D'où cette question de crise, cette distance, cette rupture. (Agnès Devictor, entretien)

Les années 60 aux États-Unis ne sont pas seulement marquées par l'expérience du Vietnam, mais aussi par d'autres problématiques internes à la société américaine. Parmi elles, c'est notamment la « question noire » qui ressort le plus dans les scénarios des films de ce corpus. Cette thématique a d'ailleurs étonné l'un des enquêtés-cinéphiles : « ça m'avait étonné : je sais que dès qu'il y a des personnages afro-américains, il y a toute cette question raciale qui revient dans les films » (Yann). La grande majorité des films du corpus, à la seule exception de *Voyage au bout de l'enfer*, met en scène des personnages de couleur noire au sein des sections militaires, dont certains occupent une place importante dans les scénarios[34] (à l'image de Garlick dans *Good Morning Vietnam* ou encore de Doc dans *Hamburger Hill*). Néanmoins, tous les films ne mettent pas en avant les inégalités liées à la couleur de peau et à la position sociale dans les scénarios, se contentant de représenter visuellement une mixité ethnique au sein des troupes américaines. Certains, en ce sens, se distinguent en accordant une visibilité à ces questions et en les intégrant aux dialogues des personnages. C'est le cas notamment des deux films d'Oliver Stone. Dans *Platoon*, la question noire est souvent le sujet des conversations des soldats pendant les moments hors-combats : les soldats afro-américains mettent en avant les inégalités raciales qu'ils subissent à la guerre mais aussi au pays. Dans un dialogue entre Chris Taylor, issu d'une

---

[34] Notons que les personnages noirs ne sont jamais les personnages principaux des films de ce corpus, mais plutôt des amis du héros, qui lui, est systématiquement blanc. *Hamburger Hill* peut être ici cité comme une exception : il met en scène plusieurs héros parmi lesquels compte Doc et Washburn, deux soldats afro-américains.

famille blanche et privilégiée, et son ami King, ce dernier rit de la naïveté du personnage principal qui s'est engagé volontairement par conviction : « Faut avoir beaucoup de fric pour raisonner comme ça. Le pauvre se fait toujours baiser par le possédant » (séquence 8). La guerre du Vietnam est ainsi généralement assimilée dans les discours des personnages à une « guerre de riches et de blancs », comme c'est le cas dans la séquence 29 de *Né un 4 juillet*. Un aide-soignant s'adresse à Ron Kovic et tente de lui ouvrir les yeux :

> Willy : Pourquoi lutter pour la justice là-bas quand y'en a pas chez nous ? Il faut se battre pour une vraie démocratie et pour l'égalité entre américains.
>
> Ron : Sans blague.
>
> Willy : Comme ça tout le monde aurait du boulot.
>
> Ron : Ah oui ?
>
> Willy : Le Vietnam c'est pour les blancs. C'est une guerre de riches.
>
> Ron : Il est où mon blé ?
>
> Willy : Non je rigole pas, il faudrait que tu lises un peu. C'est la révolution chez nous. Les frères s'organisent. Et si tu fais pas partie de la solution, tu fais partie du problème

Les personnages afro-américains des films étudiés sont généralement représentés comme soumis au système, voire victimes du système. Dans *Casualties of war*, malgré sa position influente dans la hiérarchie militaire, le lieutenant Reilly explique à Eriksson qu'il a appris à vivre avec l'injustice due à sa couleur de peau et qu'il a fini par se plier au système : sans adaptation, il serait mort du fait de ce qu'il appelle la « race noire » (séquence 26). C'est finalement le film *Hamburger Hill* qui s'engage le plus sur la question raciale, en incluant cette thématique dans la trame dramatique : le personnage de Doc, un médecin afro-américain, fait des discours récurrents sur les inégalités entre noirs et blancs au Vietnam. Il met ainsi en avant les inégalités d'accès à certaines positions au sein de l'armée (séquence 7), mais également les inégalités face à l'engagement militaire lui-même (séquence

37) : il explique que les soldats noirs et non éduqués sont les premiers à être envoyés au feu pour faire « une guerre de blancs ». Face à lui, Beletsky oppose sa condition d'homme blanc et non instruit : lui non plus n'a pas fait d'études et lui aussi vit la même galère que Doc au Vietnam. Les deux hommes finissent par se serrer la main et s'appeler « mon frère ». Cet échange met en avant deux discours récurrents dans les films du Vietnam : l'un selon lequel les soldats engagés seraient majoritairement sous-instruits, et l'autre, selon lequel les hommes noirs seraient surreprésentés parmi les enrôlés de guerre. Le premier discours reposant sur l'absence d'éducation de la grande majorité des soldats engagés s'avère être un mythe : d'après les statistiques des archives nationales, les soldats engagés au Vietnam sont au contraire considérés comme les plus éduqués que la nation américaine ait jamais connu, avec un taux de 79% d'effectifs ayant au moins achevé des études secondaires. L'origine sociale semble être davantage significative : 76% des soldats engagés au Vietnam sont issus de la classe populaire ou de la classe moyenne inférieure. Le second discours, quant à lui, semble appuyé par les chiffres : si les soldats mobilisés sont très majoritairement blancs – 84,4% des hommes ayant servi au Vietnam sont caucasiens contre seulement 10,6% de soldats afro-américains –, les soldats enrôlés, et donc non-volontaires, sont eux majoritairement noirs. En effet, seulement 34% des soldats afro-américains se sont portés volontaires pour partir au Vietnam[35], dévoilant une écrasante majorité d'enrôlés parmi les soldats noirs.

Les inégalités sociales et raciales apparaissent ainsi comme un véritable sujet de discussion dans certains films de ce cinéma du Vietnam, qui de nouveau se démarque au travers d'un discours critique sur l'institution militaire américaine. Ces films rendent compte des grandes interrogations de leur époque, utilisant le Vietnam comme une façon de les visibiliser.

---

[35] Notons qu'au total, plus des deux-tiers des effectifs sont des engagés volontaires.

# PARTIE II

# STRUCTURES NARRATIVES ET TRAJECTOIRES ÉMOTIONNELLES CHEZ LES HÉROS MASCULINS

# CHAPITRE 4

# Les trajectoires émotionnelles des héros masculins dans des films en plusieurs parties

Parmi les neuf films du corpus, quatre reposent sur une construction narrative segmentée en plusieurs parties, marquant clairement un avant-guerre, un pendant et presque toujours un après. *Voyage au bout de l'enfer* et *Né un 4 juillet* sont ainsi construits en trois parties tandis que *Birdy* met en scène ces trois périodes de façon désorganisée. Le film d'Alan Parker est composé de flash-backs permettant au spectateur de découvrir progressivement l'avant-guerre puis le pendant, après avoir constaté l'état des personnages au cours d'un après qui marque particulièrement le début du film. Ces films ont deux principaux points communs dans leur construction narrative : le moment-même de la guerre est bien moins développé que les autres périodes présentes dans ces films et le scénario met en avant une petite poignée de personnages clairement identifiés comme des personnages principaux. Les trajectoires étudiées sont donc celles des protagonistes mis en avant dans les scénarios : il s'agit de Mike, Nick et Steve dans *Voyage au bout de l'enfer* (1978), d'Al et Birdy dans *Birdy* (1984) et enfin de Ron Kovic, unique personnage principal de *Né un 4 juillet* (1989). Le quatrième film de cette typologie narrative constitue une forme d'exception : il s'agit de *Full Metal Jacket* (1987), qui n'est construit qu'en deux parties et qui met en avant le groupe, davantage que des individus isolés. Il constitue un genre de film hybride pouvant tout aussi bien être considéré comme un film montrant un avant-guerre et un pendant qu'un film proposant une immersion plus globale dans le milieu militaire. Il est ici étudié comme un film en plusieurs parties du fait des délimitations très claires[36] entre un premier temps, le camp militaire, et un second temps, le Vietnam. Les trajectoires analysées sont globalement celles du groupe, comme corps militaire unifié et dépersonnalisé, mais l'accent est mis sur l'un des personnages principaux, Baleine. Du fait de sa construction narrative particulière et de son traitement singulier des émotions, *Full Metal Jacket* est analysé comme un contrepoids aux représentations plus répandues des étapes émotionnelles de la guerre.

## L'avant-guerre

L'avant-guerre constitue dans les trois films étudiés un moment important de la trame dramatique. Dans *Voyage au bout de l'enfer,* cette partie s'étale sur plus d'une heure de film tandis qu'elle dure une trentaine de minutes dans *Né un 4 juillet.* Elle représente également un moment essentiel dans *Birdy* : au travers de nombreux flash-backs, moteurs de l'histoire, le spectateur découvre progressivement le passé des personnages avant qu'ils aient participé à la guerre du Vietnam. Le premier point commun entre les protagonistes de ces trois films est le caractère volontaire de leur engagement, primordial à prendre en compte pour analyser leur vécu de l'attente avant le Vietnam : tous sont partagés entre l'impatience à l'idée de défendre les valeurs et les couleurs de leur pays, et l'appréhension du départ en guerre.

L'avant-guerre semble ainsi marquer pour chacun de ces protagonistes un moment de joie avant tout. Le film *Voyage au bout de l'enfer* s'ouvre sur un monde masculin et ouvrier : l'usine. Lieu de travail physique, cette dernière n'est pas

---

[36] Les deux parties du film sont clairement visibles dans l'enchaînement narratif et esthétique : chaque partie représente une unité narrative (une introduction, une épreuve à affronter, un dénouement final) et une ambiance particulière (changement radical de décor, rythmes différents, transformation des personnages et apparition de nouveaux protagonistes). La coupure est renforcée par un fondu noir, seule transition visuelle marquée du film.

représentée comme un milieu difficile et pénible pour les personnages mais au contraire comme un lieu de camaraderie et de bonne humeur. Les trois personnages principaux – Mike, Nick et Steve – ainsi que leurs plus proches amis – Stan et Axel – finissent leur journée de travail et quittent les vestiaires sous les rires et les encouragements de leurs collègues. La deuxième séquence montre ainsi le petit groupe de cinq copains en train de marcher dans la rue : un travelling arrière permet de suivre le groupe qui avance vers la caméra, dans un plan d'ensemble marquant la cohésion du groupe et l'amitié des cinq personnages. La mise en scène d'un langage corporel genré – bras sur l'épaule, bousculades, valorisation de la force physique – participe à la construction d'une ambiance axée sur la fraternité masculine. Au début du film, le bar de John est un lieu récurrent dans lequel les personnages masculins[37] se retrouvent pour discuter, boire, jouer au billard et partager des moments « entre hommes ». Le point culminant de cette célébration d'avant-guerre est atteint au cours d'une séquence centrale dans le film : le mariage. L'un des enquêtés associe d'ailleurs cette scène à la période d'avant-guerre elle-même, puis à l'émotion de joie qu'il cite comme « bizarrement très présente » dans ces films[38]. Cette séquence, particulièrement longue, se concentre pendant plus de dix minutes sur les danseurs au travers de plans d'ensemble, symboles ici de l'effervescence collective et de l'amitié. C'est également la seule séquence du film qui met en scène au même moment et au même endroit le groupe d'amis au complet.

---

[37] Au cours de la première partie du film, aucun personnage féminin n'est représenté à l'intérieur du bar. Lorsque la mère de Steve vient le chercher pour lui parler à la séquence 10, elle reste à l'extérieur du bar, dans la rue. Au contraire, le lieu s'ouvre au féminin après la guerre : non plus comme lieu de retrouvailles et de soirées entre hommes, mais comme lieu de commémoration émotionnelle (le retour de Mike de la guerre, le partage d'un repas après l'enterrement de Nick).
[38] Différents extraits de l'entretien avec Yann : « Tu as souvent plusieurs moments qui sont représentés : dans *Voyage au bout de l'Enfer* c'est plutôt en trois parties. Tu as d'abord l'avant avec les mariages », « Je pense à des scènes heureuses comme le mariage par exemple », « Tu as de la joie aussi, je pense par exemple à la scène du mariage ».

La représentation de l'avant-guerre dans *Birdy* est également marquée par la joie et l'amitié. A l'hôpital militaire, Al tente de faire revenir à lui son ami et utilise pour cela des souvenirs joyeux. Les flash-backs se concentrent ainsi dans un premier temps sur l'évolution de leur amitié : Al raconte leur rencontre, l'acquisition de leur première voiture à retaper, leur séjour à la plage ou encore leur soirée à la fête foraine avec des jeunes femmes. Dans ces scènes-là, les deux amis sont systématiquement montrés ensemble, à l'image des cadrages de groupe récurrents dans *Voyage au bout de l'enfer*. Enfin, *Né un 4 juillet* met en scène l'avant-guerre au travers de l'insouciance : le film s'ouvre sur des jeux d'enfants et se poursuit sur une journée de festivités nationale et familiale. Ron fait l'expérience de son premier baiser avec Donna, de sa première victoire de baseball, de son premier bal de promo…

Il est cependant nécessaire de nuancer cette image partielle de l'avant-guerre comme un moment de pure joie et d'insouciance : l'avant-guerre est aussi synonyme de préparation et d'appréhension. Dans chacun de ces trois films, la guerre fait son apparition dans les discours, les ambiances et les décors bien avant d'être physiquement représentée. Le film *Né un 4 juillet*, adaptation de la biographie publiée de Ron Kovic, est en ce sens un bon exemple : la trame dramatique du film est davantage une construction mémorielle réalisée a posteriori qu'une histoire écrite chronologiquement au moment de chaque étape. Il est ainsi intéressant de voir comment l'avant-guerre est écrite et tournée de façon à prévoir tous les évènements futurs, donnant ainsi l'impression d'une prédestination, d'un destin inéluctable chez le personnage principal. La guerre et la défaite sont présentes dès les premières séquences. Les enfants qui jouent au début du film reproduisent un combat dans la forêt, au cours duquel Ron et son meilleur ami sont vaincus par le reste du groupe, qui imite des bruits de tirs et d'explosions. Plus tard, le protagoniste participe à un entraînement sportif aux allures militaires (séquence 6) durant lequel l'entraîneur prend les traits d'un sergent-instructeur en camp de préparation : « Allez les femmelettes, on redescend. Si la vie c'est cette corde, la vie, on s'agrippe, on s'y accroche. La suite allez. Je veux du sang.

Battez-vous à mort. A mort vous m'entendez. A mort. ». Si ces paroles sont prononcées pendant un entraînement de lutte préchampionnat, elles pourraient toutes aussi bien trouver leur place dans un discours militaire, aux allures du camp de préparation du film *Full Metal Jacket*[39]. Au cours de la séquence 9, Ron connaît sa première défaite au cours de la rencontre de lutte, ponctuée par les cris de déception du public qui se met à huer le protagoniste. L'engagement militaire de Ron et sa future blessure sont également prédits dès la première partie du film : au cours du défilé national de la séquence 2, Ron est appelé le « petit soldat » de la famille par ses parents, le prédisant à une carrière militaire[40], tandis que le jeune garçon partage un échange de regards particulièrement intense avec un vétéran du Vietnam, amputé des deux bras : le futur handicap de Ron, ainsi que sa participation à des cortèges de guerre puis des manifestations de vétérans, sont annoncés.

La guerre est toute aussi omniprésente dans la première partie de *Voyage au bout de l'enfer*. Le Vietnam fait une intervention dans chacune des séquences d'avant-guerre, même s'il reste généralement en toile de fond. Le mariage lui-même semble marquer à la fois l'union de Steve et Angela et le départ en guerre des trois meilleurs amis. Au cours de la séquence 8, deux hommes en uniforme et couvre-chef militaires vérifient les préparatifs dans la salle de réception : la décoration renvoie tout autant au mariage (couleur blanche, pièce-montée) qu'au départ en guerre (banderoles aux couleurs des États-Unis, inscription « Serving God and Country Proud », photographies de soldats

---

[39] Il est intéressant de noter que les mises en scène visuelles et sonores de l'entraînement – de lutte pour *Né un 4 juillet* et militaire pour *Full Metal Jacket* – sont assez proches dans les deux films : des plans collectifs sur les novices, qui sont systématiquement opposés à l'entraîneur, seul et debout, monopolisant la parole et se distinguant du reste du groupe.

[40] Les discours patriotiques des parents de Ron, et notamment de sa mère, sont mis en avant dans la première partie du film comme élément déclencheur chez le jeune homme qui s'engage ensuite comme volontaire dans l'armée. La séquence 5 met en scène la famille Kovic devant son téléviseur, en train d'écouter le discours de Kennedy. La mère de famille se tourne vers son fils Ron et sans le savoir, fait une prédiction de la séquence 44 : « J'ai fait un rêve Ronny, l'autre nuit. Tu t'adressais à une foule immense, comme Kennedy, comme Kennedy. Et tu disais de grandes choses. »

accrochées au mur). Le jour du mariage, le groupe d'amis fait la rencontre d'un vétéran du Vietnam dont le comportement est à l'opposé des fêtards : seul avec son verre, silencieux, abîmé, il vient avant même le départ des protagonistes représenter le retour de guerre et ses traumatismes. Tout comme Ron Kovic dans *Né un 4 juillet*, les prédictions s'enchaînent ainsi pour les futurs soldats du Vietnam, notamment pour le duo amical Mike et Nick. Le premier, dépeint comme le leader du groupe, déterminé et très bon tireur, s'impose d'emblée comme le futur héros de guerre. A l'opposé, Nick apparaît comme un personnage plus sensible, introvertie, qui laisse plusieurs fois échapper ses doutes. La nuit du mariage, il demande la main de Linda et se perd dans ses mots : « Tu comprends, si nous revenons... je veux dire, quand nous reviendrons... je ne sais pas ce que je veux dire... ». Au cours de la séquence suivante, il demande à Mike de lui promettre de ramener son corps au pays : « Ne me laisse surtout pas là-bas. ». Dès la première partie du film, il apparaît comme le personnage qui ne reviendra pas de la guerre et qui, tragiquement, semble en avoir conscience. La construction narrative de l'avant-guerre repose ainsi sur des prédictions de l'avenir, supposant que les personnages sont prédisposés à une certaine trajectoire combattante et émotionnelle.

## Zoom sur images : les prédictions du retour de guerre

### *Voyage au bout de l'enfer*
### (Michael Cimino, 1978), séquence 8

Le soir du mariage, Steve, Mike, Axel et Nick font la rencontre d'un vétéran au bar. Les personnages sont opposés dans leur comportement, mais également dans la construction visuelle de la bande-image, notamment au travers d'un champ-contrechamp. L'isolement du vétéran est renforcé par sa position à l'extrémité de la salle, tandis que les trois amis tournent le dos à la fête en train de se poursuivre en arrière-plan. D'un côté, l'insouciance du départ en guerre ; de l'autre, la blessure psychique de guerre. La trajectoire émotionnelle des protagonistes semble ici toute tracée : le spectateur peut déjà observer le décalage brutal entre son point de départ et son point d'arrivée.

### *Né un 4 juillet*
### (Oliver Stone, 1989), séquence 2

Le jeune Ron Kovic croise le regard d'un blessé de guerre pendant la parade nationale. De nouveau, une construction champ-contrechamp permet de mettre en avant l'échange de regard entre les personnages. Progressivement, le plan se resserre sur le visage de Ron, tandis que les cris et les applaudissements font place à une bande-son plus grave, marquée par le son des violons. L'image ralentit, les sons se font plus lointains, le temps se suspend : l'échange de regard prend alors toute la place dans la bande-image et la bande-sonore. Quelques années plus tard, ce sera Ron, en fauteuil roulant, qui fera partie de la parade (séquence 43).

La pression monte progressivement au cours des premières séquences, jusqu'au point culminant de la veille du départ en guerre. Dans *Né un 4 juillet*, Ron Kovic met de côté son masque de patriotisme pour laisser entrevoir une fragilité nouvelle le dernier soir : au cours d'une séquence intime, qui donne pour la première fois accès aux pensées et aux doutes du personnage – d'ailleurs valorisé par des gros plans –, Ron s'adresse à Dieu et lui demande de lui venir en aide[41]. De même, dans *Birdy,* les flashbacks joyeux du début du film laissent progressivement place à des épisodes de plus en plus sombres, au cours desquels les deux amis prennent de plus en plus de distance : Birdy, enfermé dans sa chambre avec ses oiseaux, s'éloigne dangereusement de la réalité. La séquence 58 marque deux évènements marquants pour Birdy : la mort de l'oiselle avec laquelle il avait noué un lien affectif, voire un lien charnel très fort, et le départ en guerre de son meilleur ami Al. Dans une ambiance très tendue, notamment accentuée par l'apparition d'une musique oppressante qui monte progressivement en puissance, Perta s'échappe par la fenêtre, survolant la rue dans laquelle Al est en train de s'éloigner en tenue militaire, et s'écrase finalement contre la fenêtre. La séquence suivante plonge directement le spectateur dans l'expérience de la guerre, où il retrouve non pas Al, mais Birdy. C'est enfin le film *Voyage au bout de l'enfer* qui propose une transition émotionnelle particulièrement travaillée à l'écran : la séquence 18. Les six amis se retrouvent dans le bar de John pour profiter de leur dernière soirée avant le départ en guerre de Mike, Nick et Steve. Les rires laissent brutalement place à une atmosphère pesante, tragique, introduite par le morceau de Chopin joué par John au piano. Les cadrages se rétrécissent, mettant en valeur les visages et leur métamorphose (des regards fixes, des gouttelettes qui coulent sur les visages). Pour la première fois, le collectif est éclaté pour se concentrer au contraire sur des individus isolés, au cours d'un travelling caméra très lent. Le morceau se termine et le silence se poursuit, atteignant l'apogée

---

[41] Discours de Ron, séquence 16 : « Pardonnez-moi mon Dieu, je ne sais plus où j'en suis. Je me prends à me dire de temps en temps : 'si je reste ici ça ferait quoi ?'. J'en deviens fou. Il faut que je parte. Aide-moi Jésus, aide-moi à prendre une décision. Je t'en prie mon Dieu».

dramatique de la séquence. Cette dernière marque une transition émotionnelle centrale dans le film, et ce, au travers de la bande sonore : le piano apparaît comme un vecteur d'émotions, tandis que la guerre se fait entendre avant d'être vu. La séquence se termine sur un fondu noir, par-dessus duquel apparait le bruit des hélices d'un hélicoptère. La guerre débute.

## Le pendant

La représentation de la guerre relève d'un certain paradoxe : c'est la partie la moins développée des trois films étudiés et pourtant l'élément narratif central des scénarios. Dans *Voyage au bout de l'enfer*, elle représente quarante minutes de film sur un total de trois heures, tandis qu'elle occupe dix-sept minutes d'écran dans *Né un 4 juillet* et seulement cinq minutes dans *Birdy*. Dans chacun de ces films, elle n'en demeure pas moins une rupture brutale. La guerre, bien que peu représentée, apparaît comme un élément déclencheur chez les personnages qui vont ensuite connaître des trajectoires différentes en fonction de leur caractère et de leur sensibilité.

Dans *Birdy*, c'est la guerre dans sa globalité qui représente le point de bascule, le moment de rupture pour les deux personnages. Elle est mise en scène à l'écran uniquement au travers de flash-backs représentatifs des souvenirs que gardent les deux protagonistes du Vietnam. Ce qui reste, c'est finalement la violence et le chaos : les flash-backs mettent uniquement l'accent sur les combats, qui se limitent d'ailleurs à quelques minutes de brouhaha d'hélicoptères, de tirs chaotiques, de sang qui gicle et de bombes qui explosent dans la jungle. C'est davantage les conséquences des combats que les combats eux-mêmes qui sont montrés à l'écran : chaque séquence de guerre montre des blessés, des morts mais aussi des explosions et du feu, symboles de la destruction. Le pendant marque ainsi un traumatisme pour les deux protagonistes. Al y est gravement blessé au visage tandis que Birdy assiste à la mort de toute sa section ainsi qu'à celle, d'autant plus marquante, d'un nuage d'oiseau emporté par les explosions. Les séquences 53 et 59, représentant les souvenirs de guerre de Birdy et Al, terminent toutes deux par un cri : deux gros plans sur des visages déformés par un cri. C'est la douleur et la panique qui sont mises en valeur à l'écran pour évoquer l'expérience combattante des deux protagonistes.

*Birdy* **(Alan Parker, 1984), séquences 53 et 59.**

Il s'agit des seules séquences se déroulant pendant les combats au Vietnam.

Les deux autres films développent un peu plus le pendant, notamment au travers d'épisodes marquants pour les personnages. Ce sont ici des expériences très précises de la guerre qui deviennent des éléments déclencheurs. Deux évènements particuliers sont mis en scène dans *Né un 4 juillet*, au point de devenir représentatifs de l'expérience combattante globale de Ron Kovic : le massacre de civils dans un village vietnamien suivi du meurtre accidentel d'un soldat américain, puis la blessure grave de Ron quelques mois plus tard. La première expérience traumatique ouvre une longue période de culpabilité pour le personnage, coupable de violences sur des innocents et sur l'un de ses camarades, tandis que la seconde marque le début d'un deuil personnel : celui de ses jambes mais aussi de sa « virilité »[42]. C'est également un enchaînement d'épisodes traumatiques qui marquent le « pendant » de *Voyage au bout de l'enfer*. A l'exception d'une courte séquence montrant l'affrontement entre Mike et un soldat Viêt-Cong, la totalité de cette partie repose sur la mise en scène du jeu de la roulette russe : Mike, Nick et Steve, prisonniers de guerre, sont victimes de torture psychologique dans un camp ennemi. Dans un premier temps, les trois amis sont dans une cage sous la baraque et ne voient pas les violences réalisées à l'étage. Ils devinent l'action, au même titre que le spectateur, au travers des sons qui parviennent à eux (bruits de bagarre, cris, puis coups de feu) et du sang qui coule à travers les lattes du plancher. C'est avant même de connaître lui-même cette violence qu'un premier protagoniste craque : Steve, témoin indirect de la cruauté ennemie, est pris de panique à chaque coup de pistolet. Lorsque c'est à son tour de participer au jeu, il fond en larmes et déplace le pistolet pour que la balle ne l'atteigne pas. Faible, traumatisé, il n'a pas le courage d'aller jusqu'au bout malgré les encouragements de son ami Mike. Ce dernier s'oppose à Steve dans son comportement et sa façon de gérer ses émotions. Dur, fort, doté de sang-froid, il mobilise le vocabulaire du courage et de la virilité pour pousser son ami à appuyer sur la détente : il faut « du cran », « tu as des couilles ». Les émotions ne sont pourtant pas absentes chez ce personnage, dont le visage très expressif passe de la colère au soulagement, en passant par la peur. Seulement, contrairement à ses amis, Mike arrive à contrôler ses émotions et devient de fait le héros de la séquence : il est celui qui accompagne ses amis dans le jeu, qui les encourage, puis celui qui les sauve en montant un piège contre les Viêt-Cong. Nick occupe une position intermédiaire entre la panique de Steve et la force de Mike : sans céder complètement à ses émotions, il exprime sa réticence face au plan dangereux de Mike et montre de la peur et de l'hésitation.

---

[42] La thématique de la castration est centrale dans ce film. Ron perd toute sensibilité en-dessous de la ceinture : castré, il doit également faire le deuil d'une sexualité qu'il associe au fait d'être un « homme ».

Au cours du duel de roulette russe entre les deux meilleurs amis, Mike se démarque de nouveau par sa détermination et son assurance tandis que Nick hésite longuement, d'abord incapable d'appuyer sur la détente. Cette rupture entre les trois personnages est notamment représentée par l'apparition de plans serrés et individuels, qui laissent de moins en moins de place au collectif[43]. Ces trois postures face à la torture sont révélatrices de trajectoires différenciées chez les trois protagonistes : les trois amis, qui subissent la même violence, n'en font finalement pas la même expérience.

## L'après-guerre

Après la guerre, les personnages se séparent et prennent généralement un chemin différent. C'est le cas des films mettant en scène plusieurs protagonistes : chacun vient occuper un rôle particulier et prend une des figures de l'ancien combattant du Vietnam. Un des enquêtés questionné sur le sujet propose une typologie du vétéran : « en un, il y a l'estropié ; en deux, le mec détruit psychologiquement et en trois, l'individu qui arrive à peu près à s'en sortir physiquement et intellectuellement » (Vincent). Ces trois postures proposées se retrouvent dans le film *Voyage au bout de l'enfer*, au travers des trois personnages principaux. Steve, blessé de guerre, se fait amputer des deux jambes et reste dans un hôpital d'anciens-combattants jusqu'à ce que son ami Mike le ramène à la maison. Ce dernier prend la posture du héros de guerre : accueilli avec joie et reconnaissance par les habitants de sa ville, il arrive à s'en sortir et retrouve progressivement une vie normale. Il est systématiquement opposé à Nick dans le discours des enquêtés : « il [Mike] est fort quand il revient de la guerre, il a ce côté plus impassible et plus fort que l'autre [Nick] qui n'arrive pas du tout à passer à autre chose » (Marion), « Nick c'est celui pour lequel on voit le plus le vrai traumatisme. Il est terrifié, plus que

---

[43] Dans la première partie du film, représentant l'avant-guerre, ce sont les plans collectifs qui dominent à l'écran, symbolisant l'amitié et l'unité masculine. Pendant la guerre, période de rupture, ce sont des plans individuels, voire parfois de très gros plans sur les visages, qui font leur apparition.

Michael qui est un peu plus vu comme un héros » (Léa). Nick prend ainsi les traits du traumatisé de guerre : profondément bouleversé par la guerre, il ne revient pas aux États-Unis et se suicide sur place. La dichotomie entre blessure psychique et blessure physique est reprise dans le film *Birdy* : Birdy, déjà sensible et éloigné de la réalité avant la guerre, n'arrive pas à supporter le traumatisme du Vietnam et sombre dans la folie, tandis que Al endosse le rôle du blessé de guerre qui arrive à s'en sortir. Dans les séquences se déroulant à l'hôpital, les deux personnages sont représentés au travers d'attributs différents et endossent le rôle de deux figures du vétéran. D'un côté, Birdy est vêtu de l'ensemble bleu des patients en psychiatrie, aux allures de pyjama, et se distingue surtout au travers de son comportement décalé : mutique, recroquevillé sur lui-même, il passe d'un angle de la pièce à un autre, toujours accroché à un élément de décor. Toujours cadré dans un coin du plan, dans un espace cloisonné, le personnage de Birdy est représenté au travers des codes de l'enfermement et du rêve : son regard se perd dans le vide ou se fixe sur la petite fenêtre qui éclaire la pièce d'une lumière pâle. A l'opposé, Al ne quitte jamais son uniforme militaire vert et arbore des pansements blancs sur son visage, symboles de sa blessure de guerre. Généralement debout quand son ami est recroquevillé au sol, il semble en bonne santé mentale. Sa voix remplit entièrement l'espace sonore lors des séquences partagées avec Birdy. Tout semble opposé les deux meilleurs amis : le positionnement dans l'espace, la tenue et les signes distinctifs, le comportement et le rapport à la parole. Ils sont parfois représentés côte-à-côte dans les plans, comme les deux faces d'une même pièce.

## *Birdy* (Alan Parker, 1984), séquence 31

Il est néanmoins nécessaire de nuancer ces oppositions strictes entre les personnages. Tous les protagonistes, qu'ils soient mis en avant au travers de leur force ou plutôt de leur fragilité, sont marqués par la guerre. Ainsi, Al ne survit qu'en apparence : face à la perte de plus en plus définitive de son meilleur ami, l'homme se met progressivement à sombrer dans la dépression et la folie. Incapable de se regarder dans un miroir ni d'envisager de continuer une vie sans Birdy, le personnage finit par baisser les bras et laisse s'exprimer toute sa sensibilité dans le final du film.

> La guerre a un effet déclencheur pour la folie de Matthew Modine [Birdy] et a un effet déclencheur pour rendre plus humain Nicolas Cage [Al]. Enfin plus humain : plus accessible, plus sensible. Voilà, Nicolas Cage était plutôt le garçon qui roulait des mécaniques, mais après son traumatisme, il a peur de se regarder dans une glace. Il a peur de ne pas se reconnaître le jour où il enlèvera son bandage. (Marc, entretien)

Même Mike, le héros de *Voyage au bout de l'enfer*, souffre à son retour du Vietnam : incapable de réintégrer son groupe d'amis, il s'isole régulièrement et s'oppose à son entourage qui n'a aucune idée de la réalité de la guerre. Son expérience combattante l'a finalement transformé. Le jeune homme souriant et intrépide, parfois téméraire, a laissé place à un vétéran au visage plus assombri, plus dur, qui économise ses sourires et se fait plus sage auprès de ses amis. Le traumatisme de guerre apparaît ainsi comme un invariant dans ces films construits en plusieurs parties. C'est le degré d'intensité de ce traumatisme qui varie finalement entre les différents personnages, différenciant ceux qui arrivent à s'en sortir et ceux qui n'y parviennent pas. Ron Kovic, dans *Né un 4 juillet*, vient reprendre à lui tout seul toutes ces postures du vétéran du Vietnam : traumatisé et handicapé, patriote puis militant anti-guerre, rejeté de la société puis héros national, Ron vient symboliser la complexité de la figure de l'ancien-combattant dans la société américaine des années 70-80. Il arrive finalement à s'en sortir et devient, à l'opposé de Mike, non pas un héros de guerre, mais un héros de la paix. Au-delà des marques protéiformes que laisse la guerre, il est important de noter que le point commun entre tous ces films se trouve finalement dans une conclusion optimiste : la plupart des personnages s'en sortent finalement après une étape de deuil inévitable et reprennent le cours de leur vie. Le mythe du vétéran abandonné, rejeté et inapte à la vie en société n'est finalement pas celui qui domine dans la morale de ces films, bien que ce soit lui qui marque davantage les esprits des spectateurs[44].

## Cas particulier : une trajectoire émotionnelle inversée dans Full Metal Jacket

Le film de Stanley Kubrick propose quant à lui un traitement singulier des émotions. Les trajectoires émotionnelles des personnages semblent suivre le schéma inverse de celui observé

---

[44] Quelques citations d'entretiens : « J'ai l'impression que pour cette période et ces films-là, c'est [les vétérans] des personnes qui reviennent et qui ne sont pas particulièrement reconnus (…) c'est des gens qui sont oubliés par les autres » (Léa), « Je pense que c'est des gens qui sont peut-être brisés encore plus que d'autres (…) j'ai l'impression que c'est des gens qui sont moins soutenus (…) et moins considérés comme des héros. » (Marion), « Pour moi le vétéran, c'est plutôt l'ancien combattant qui fait chier, qui a fait sa guerre et qui emmerde tout le monde avec ses récits d'anciens combattants. Voilà donc en gros c'est tant pis pour lui s'il est blessé, s'il revient en chaise roulante (…) y'a plus d'empathie (…). Il n'y a aucune gloire à être vétéran de guerre dans ces films-là. » (Marc)

dans les trois films ci-dessus. La tendance générale est celle d'un mouvement partant d'un avant-guerre assez positif, dans lequel se mêlent joie et appréhension, pour atteindre une rupture émotionnelle au moment de la guerre et le déclenchement d'émotions fortes. Par la suite, les personnages subissent des traumatismes à différentes échelles. Au contraire, *Full Metal Jacket* part de la thématique de la pression psychologique et des traumatismes qui peuvent en découler avant même la guerre, pour ensuite traiter la période au Vietnam comme d'un moment de relâchement, notamment marqué par la libération d'émotions positives comme la joie.

La première partie du film met en scène un camp d'entraînement des marines aux États-Unis : un groupe de jeunes recrues est préparé aussi bien physiquement (course, montée à la corde, parcours d'obstacles, tirs) que psychologiquement à l'épreuve de la guerre. C'est cette dernière dimension qui permet ici d'étudier le traitement particulier des émotions dans le film. Au travers de la figure autoritaire du sergent-instructeur Hartman, le scénario met en avant le harcèlement psychologique subi par les soldats avant d'être envoyés au Vietnam. L'objectif premier de cette préparation est de produire des machines à tuer :

> Le corps des Marines ne veut pas de robots. Le corps des Marines veut des tueurs. Le corps des Marines veut former des hommes indestructibles. Des hommes sans peur. (Narration de la séquence 23)

Le paradoxe de cette narration réside dans l'oxymore « hommes sans peur » : l'émotion, pourtant intrinsèquement humaine, est proscrite au sein de l'armée. Ce n'est d'ailleurs pas seulement une émotion jugée négative au combat comme la peur qui est pointée du doigt, mais toutes les émotions de manière générale. Dans la seconde séquence du film, le sergent-instructeur Hartman bannit toute manifestation émotionnelle : « Défense de rire et défense de pleurer, je vais te mettre au pas moi, je vais te dresser ». Guignol n'a ainsi plus le droit de faire de blague tandis que Baleine doit se départir de son sourire permanent qui agace son supérieur. Hartman devient une caricature du contrôle des corps imposé par l'institution militaire : il chasse la moindre petite manifestation de joie ou de peur sur les visages de ses recrues. Seulement, le personnage de Baleine est d'emblée représenté comme celui qui n'arrive pas à éteindre ses émotions et à se fondre dans la masse militaire. Le sergent Hartman s'approche alors de lui et le force à s'étrangler lui-même avec sa main tendue, l'amenant ainsi à repousser les limites du corps et de soi : le rapport de domination est tel que l'homme n'a pas besoin d'être violent physiquement pour infliger des sanctions corporelles.

Toutes les tentatives du sergent-instructeur s'avère finalement vaines : Baleine n'arrive jamais à respecter la discipline des corps voulue par Hartman et se détache systématiquement du reste du groupe. Cette rupture est notamment visible pendant les scènes d'entraînement : au cours de la séquence 8, Baleine n'arrive pas à terminer le parcours (montée de corde, escalade, saut d'obstacles) et se retrouve à contre-courant du groupe, qui monte les obstacles, pendant que lui les descend. Cette mise en scène visuelle du groupe d'un côté et de Baleine de l'autre devient récurrente dans les séquences suivantes. Lorsqu'il ne s'agit pas de capacités physiques, c'est le manque de discipline militaire de Baleine qui est pointée du doigt : à côté du rythme durant les chants militaires, perdu entre sa droite et sa gauche, hésitant dans sa façon de tenir son arme, Baleine déteint dans les plans collectifs. Finalement harcelé par son supérieur direct et par ses camarades qui se liguent contre lui, Baleine sombre progressivement dans la folie. La première partie du film marque ainsi une épreuve psychologique particulièrement forte pour les personnages, davantage que la guerre en elle-même : elle est marquée par la répression de l'émotion, de l'individuel et finalement, du différent. Les corps des personnages finissent par former le corps des Marines (déplacements à l'unisson, chant en chœur, visages figés et tenues uniformisées), duquel est exclue toute défaillance.

> Pendant toute la première partie du film, on comprime les gens comme des ressorts, on les comprime à un rôle, à une tâche et on ne veut surtout pas qu'ils réfléchissent. (…) Dans la deuxième partie du film, de par l'étendue du conflit et notamment la typologie géographique à traverser, chaque être humain se retrouve

avec un degré de liberté et un degré de conscience beaucoup plus large que quand ils sont à l'école militaire. (…) le cerveau ayant été comprimé par la phase d'instruction, retrouve de la liberté et va s'alimenter de ce qu'il voit, va laisser parler petit à petit ses émotions. (Vincent, entretien)

La seconde partie propose un relâchement émotionnel pour les personnages qui sont parvenus à survivre à l'entraînement militaire. Le « pendant » s'ouvre ainsi sur les rues animées du Vietnam dans lesquelles les soldats boivent des verres et se paient les services de prostituées. C'est paradoxalement la joie qui fait son apparition dans la seconde partie du film, tandis que la première était davantage marquée par la peur, la colère et la culpabilité, émotions généralement rattachées à la guerre et au retour au pays. La joie se fraie un chemin jusque dans les scènes de combats et semble visuellement valorisée à l'écran, tandis que la tristesse et le deuil sont représentés de manière très sobre. Il serait trompeur de soutenir que ces dernières sont absentes chez les personnages, elles sont seulement moins accentuées à l'écran : les grands moments d'émotion collective, souvent mis en scène au moment de la perte d'un camarade, sont ici réduits à quelques mots humoristiques sur le défunt et à un silence partagé (séquence 35). Malgré la perte de plus de la moitié de leur section, les personnages repartent heureux des décombres de Hué et entonnent en chœur la chanson « Mickey Mouse Club ».

> Je suis si heureux d'être vivant. Entier. Et presqu'au bout. Je vis dans un monde merdique, ça oui. Mais je suis vivant. Et je n'ai pas peur. (*Full Metal Jacket*, séquence finale, narration de Guignol)

# CHAPITRE 5

# Les trajectoires émotionnelles dans les films centrés sur l'expérience militaire au Vietnam

Les cinq autres films du corpus proposent une construction narrative différente dès lors qu'ils ne représentent pas la guerre comme une étape dans la trajectoire des personnages mais au contraire comme le milieu exclusif d'évolution des protagonistes : ces films s'ouvrent et se ferment sur le Vietnam, n'introduisant ni avant-guerre ni retour au pays[45]. L'une des conséquences de l'absence de ces deux parties narratives réside dans la mise en scène d'un plus grand nombre de personnages principaux. Le groupe de soldats, et par conséquent la construction de fraternités au Vietnam, deviennent des éléments narratifs centraux : les personnages principaux ne disparaissent pas des scénarios mais évoluent au sein d'un groupe particulier. Cette multiplication des référents masculins entraîne inévitablement la diversification des trajectoires émotionnelles dans les cinq derniers films de ce corpus : il s'agit d'*Apocalypse Now* (1979), *Platoon* (1986), H*amburger Hill* (1987), *Good Morning Vietnam* (1987) et *Casualties of War* (1989). Bien qu'ils se restreignent à la représentation de la guerre, ces

---

[45] A l'exception du film *Casualties of war*, qui s'avère être entièrement construit comme un souvenir. Il est néanmoins traité comme un film centré sur le Vietnam, puisque seulement deux scènes se déroulent aux Etats-Unis, dans un transport en commun : la vie du personnage principal n'est jamais réellement mise en scène en dehors du Vietnam.

derniers ont recours à des temporalités particulières pour rendre compte d'évolutions chez ces héros masculins, dont le rapport aux émotions n'est généralement pas le même selon le moment du film.

## Trajectoires du « nouveau » à l'« ancien »

Dans ces films privés d'un avant et d'un après-guerre, les trajectoires représentées sont uniquement liées aux expériences combattantes des différents personnages. Le spectateur ne connait que très peu leur parcours avant de devenir soldat – à l'exception de quelques informations sur leur origine sociale – et n'a jamais accès à ce qu'ils deviennent en rentrant aux États-Unis. Le terme d'expérience est ici central : la trajectoire des personnages dépend de l'acquisition d'une expérience combattante, ce qui permet dans un premier temps de différencier ceux qui n'en ont pas encore et ce qui en ont accumulé au fil des mois. En découle une dichotomie claire dans chacun de ces films entre le « nouveau », personnage naïf, fragile et parfois trop sensible, et l'« ancien », qui s'est habitué à la guerre et a finalement acquis une certaine compétence émotionnelle : cette dernière consiste en la capacité à contrôler ses émotions afin d'être plus efficace sur le terrain.

Le personnage principal débute généralement sans cette compétence : il arrive au Vietnam dans la première séquence du film et découvre en même temps que le spectateur le quotidien du soldat en guerre. C'est le nouveau, qui n'est qu'au début de son parcours de combattant. Son statut est mis en avant dès les premières séquences du film, au travers d'opposition entre le temps de service qui lui reste encore et celui de ses camarades plus expérimentés : ainsi Chris Taylor se fait moquer lorsqu'il annonce qu'il lui reste « 332 jours de service » (*Platoon*, séquence 8) ; Eriksson, sur place depuis seulement trois semaines, apparaît comme un jeune novice au sein de sa section aux côtés de soldats qui sont à J-30 de leur départ (*Casualties of war*, séquence 3) ; les nouveaux de *Hamburger Hill* se plaignent déjà de ne pas pouvoir dormir la nuit tandis que leurs compagnons comptent les quarante jours qui leur restent à tenir au Vietnam (séquence 9). Ces séquences récurrentes d'opposition entre les personnages en fonction de leur ancienneté placent le nouveau dans une position d'infériorité. Apparaissent ainsi de nombreuses appellations dévalorisantes telles que les « bleus » (*Hamburger Hill*), « le puceau » (*Casualties of war*) ou encore « la viande fraîche » (*Platoon*). Ce statut, par lequel doit passer chaque soldat à son arrivée, est également associé à un traitement particulier au sein du groupe : ils subissent des moqueries, sont chargés des tâches les plus pénibles et sont envoyés comme de la chair à canon dans les missions dangereuses. Car le nouveau, c'est aussi celui qui ne s'est pas endurci, qui ne connait pas la guerre et qui, par conséquent, a plus de chance de tomber au combat. Dans la sixième séquence d'*Apocalypse Now*, le capitaine Willard fait la découverte des membres de son équipage, qu'il juge d'emblée condamnés : « Y'avait que des mômes dans l'équipage, des rockeurs qui avaient déjà un pied dans la tombe ». Chef, le mécanicien, est ainsi jugé « trop nerveux pour le Vietnam » tandis qu'en voyant le jeune surfeur Lance, « on n'aurait jamais cru qu'il ait tiré un seul coup de feu de sa vie ». Ces inquiétudes se concrétisent finalement au cours de leur avancée sur le fleuve : quelques séquences plus tard, Chef fait une crise de panique et devient incontrôlable après avoir croisé un tigre dans la jungle. Le nouveau est indéniablement celui qui se laisse emporter par ses émotions et qui devient, à terme, un poids pour le groupe. Le même schéma se répète dans quasi tous les films retenus : dans *Hamburger Hill*, les jeunes soldats sont apeurés par les mises en garde du sergent Frantz (séquence 10) puis par la première nuit passée dans la jungle, qui est comparée à un « scénario de film d'horreur » (séquence 26). Dans *Platoon* et *Casualties of war*, les deux personnages principaux –Chris Taylor dans le premier et Max Eriksson dans le second – sont pris par la panique au cours de leur première mission : l'un se retrouve paralysé par la peur (séquence 7) tandis que l'autre doit être secouru par les membres de sa section après s'être coincé dans une galerie ennemie (séquence 2). C'est la peur qui est majoritairement représentée dans les réactions de ces personnages, tandis qu'elle est bien moins apparente chez les personnages plus expérimentés.

## Zoom sur séquences : le premier départ en mission

### *Apocalypse Now*
### (Francis Ford Coppola, 1979), séquence 11

Dans les hélicoptères, les soldats sont montrés à l'écran avant l'attaque. Si le colonel Kilgore est enthousiaste à l'idée de partir au combat, les jeunes soldats à l'arrière montrent des signes d'appréhension : ils prient, protègent des parties de leur corps. Lorsque l'hélicoptère se pose, l'un d'entre eux panique : « Je ne veux pas sortir, non, je ne veux pas y aller ! ». Un gros plan isole son visage en train de crier, tandis que les combats débutent à l'arrière. Il est attrapé de force par un soldat et poussé sur la plage. L'appréhension du trajet puis la descente de l'hélicoptère sont deux moments durant lesquels les jeunes soldats sont clairement mis en avant et opposés aux plus anciens, qui guident l'action.

### *Hamburger Hill*
### (John Irvin, 1987), séquence 17

Une mise en scène assez similaire se retrouve dans Hamburger Hill tandis que les soldats partent pour la terrifiante vallée d'A Shau. Toujours pendant un trajet en hélicoptère, les réactions des « bleus » sont valorisées par de gros plans : certains se mettent à prier, d'autres à respirer fortement, tandis que des gouttes de sueur coulent sur leur visage. Leur comportement s'oppose à celui des plus anciens, stoïques et calmes, qui ne montrent aucun signe de peur à l'écran.

Le nouveau n'a ainsi pas l'expérience nécessaire pour contrôler ses émotions et être un bon combattant. Car il s'agit bien de cela : le nouveau ne jouit pas encore du véritable statut de soldat. Il est intéressant de retracer le parcours de ces personnages au cours des films : prenons l'exemple de Chris Taylor et de son évolution tout au long de *Platoon*. S'il conserve le statut de novice dans la première partie du film, il est pleinement intégré au groupe dans la deuxième et devient un soldat hors pair dans la troisième. Il acquiert progressivement de l'expérience, prend de la distance par rapport à la violence dont il est témoin et aux émotions qui le submergent. Cette transformation de nouveau à ancien passe ici par la diminution progressive de la narration : Chris Taylor, dont la voix rythme les séquences en décrivant ses missions mais aussi ses ressentis et pensées intimes, se fait de plus en plus silencieux tout au long du film, à mesure qu'il s'approche du statut d'ancien. Ce parcours initiatique montre bien une transformation du soldat qui n'est pas seulement physique mais aussi psychologique et émotionnelle : le nouveau subit un rite de passage qui va lui permettre d'acquérir un nouveau statut et d'avoir un rapport plus distancé aux émotions. Il est d'ailleurs possible que ce nouveau ne parvienne pas à accéder au statut valorisé de soldat : dans *Full Metal Jacket,* c'est le cas de Baleine qui ne correspond pas aux attentes d'un soldat, qu'elles soient physiques ou émotionnelles. Ainsi le soldat expérimenté, l'ancien, est représenté au travers de caractéristiques opposées à celles de la recrue. Dans *Apocalypse Now*, le capitaine Willard est toujours en périphérie du groupe, étant le personnage sérieux, calme, toujours concentré sur la mission et finalement celui qui s'avère le plus efficace sur le terrain. Il est capable de prendre de la distance par rapport à ses émotions pour assurer le bien de la mission, comme le décrit l'un des enquêtés :

> Et lui [Willard] il arrive à être détaché de ça [les atrocités] parce qu'il tue la femme sur la jonque[46]. Il tue la femme pour pas que

---

[46] L'enquêté fait référence à la séquence 21 d'*Apocalypse Now* : l'équipage rencontre une jonque de civils vietnamiens. Lorsque la jeune fille s'approche d'un tonneau, Clean ouvre le feu, persuadé qu'elle allait attraper une arme. Lorsqu'ils débarquent sur la jonque, les soldats se rendent compte qu'elle tentait simplement de cacher un chiot, par peur que les soldats le lui prennent.

l'autre soldat essaie de la sauver, pour pas qu'ils perdent de temps et pour qu'ils poursuivent la mission. Donc il arrive à se détacher de ses émotions et à tuer mécaniquement, sinon il aurait perdu du temps. (Marc, entretien)

Le sergent Frantz dans *Hamburger Hill* endosse les mêmes traits de caractère : toujours très sérieux quand ses « bleus » sont dans la rigolade, il est celui qui recadre sans cesse les personnages au cours de la mission et qui devient une figure rassurante au sein du groupe. Dans *Platoon*, le sergent Barnes représente une caricature poussée à l'extrême de ce soldat expérimenté et totalement engagé dans sa mission : il est une véritable machine à tuer dont le seul et unique objectif n'est plus de finir son service et rentrer au pays, mais bien de vaincre l'ennemi et gagner la guerre. Lorsque ses soldats viennent le voir pour parler de leurs peurs face aux combats à venir et de leur envie de quitter le front, il ne fait preuve d'aucune compassion : « à un moment ou à un autre, tout le monde doit mourir », leur assène-t-il alors, rappelant que la mort au combat est toujours préférable à la lâcheté (séquence 24). Il devient, un peu à l'image du célèbre sergent-instructeur de *Full Metal Jacket*, la figure de contrôle et de répression de toutes les émotions pouvant être assimilées à de la faiblesse ou de la lâcheté : au cours de la séquence 24, Martin se brûle intentionnellement les pieds pour quitter le Vietnam et échapper aux horreurs de la guerre. A bout de forces et désespéré, il fond en larmes devant Barnes et Bunny, qui lui attitrent le sobriquet de « poule mouillée ». Impassible, Barnes le menace de le tuer s'il ne se remet pas à marcher, blessé ou non : l'accablement, la peur et la lâcheté, sont des états proscrits de la figure du soldat viril.

Cet exemple met en lumière l'un des risques de cette trajectoire-type du soldat : l'éteinte des émotions et l'absence de morale. Le sergent Barnes représente en lui-même l'une de ces dérives, au même titre que le sergent Meserve dans *Casualties of war*. L'un comme l'autre a perdu un grand nombre de soldats

---

Tous les civils sont morts, à l'exception de la jeune fille qui est gravement blessée : lorsque ses hommes tentent de lui venir en aide, Willard l'achève, impassible, abréger ses souffrances et reprendre la route au plus vite.

à la guerre et en sort endurci, mais également aveuglé par la haine[47]. Toute trace de morale disparaît et ces personnages commettent des actes cruels contre des innocents[48]. Le sergent Brown, meilleur ami de Meserve et victime d'une attaque ennemie très tôt dans le film, résume ainsi la différence fondamentale entre les soldats expérimentés et les petits nouveaux :

> Les premiers jours, tu ne sais rien de rien ; les derniers, t'en as plus rien à foutre de rien. (…) Le puceau, lui, il peut se faire buter parce qu'il connait rien et toi et moi, on peut se faire épingler parce qu'on se fout de tout. (*Casulaties of war*, séquence 3, réplique du sergent Brown au sergent Meserve)

Dans ces deux films, le principal enjeu pour les héros Taylor et Eriksson est finalement de ne pas reproduire les trajectoires des sergents Barnes et Meserve, qui se dressaient pourtant à l'origine comme des modèles à suivre. C'est dans ce moment de rupture entre l'élève et le maître que se constitue le point de départ de trajectoires émotionnelles différenciées. Dans *Platoon*, Chris Taylor se sépare du sergent Barnes à partir du moment où ce dernier assassine son ami Elias. En représailles, Chris tue à son tour le sergent Barnes. Cet acte peut à la fois être interprété comme une forme de reproduction, de par le fait d'assassiner un autre soldat américain par haine et vengeance, et comme un acte d'émancipation : en tuant Barnes, Chris permet aux autres soldats et à lui-même de se détacher de son influence négative et de choisir par eux-mêmes leur propre trajectoire. Cette thématique morale du choix de ses actes et de son parcours émotionnel est centrale dans *Casualties of war* : Eriksson, d'abord impressionné et influencé par le sergent

---

[47] L'un comme l'homme exprime une haine profonde pour l'ennemi, au point que la frontière entre soldat et civil se brouille dans son esprit : c'est l'Autre, le Vietnamien de manière générale, qui doit payer pour la perte de ses frères américains. Cette posture, chez Barnes comme chez Meserve, marque un processus de deshumanisation de l'Autre, qui n'est pas considéré comme un égal et qui s'assimile à la figure dichotomique de l'ennemi, du méchant de l'histoire.

[48] Le sergent Barnes assassine une femme vietnamienne lors de l'attaque d'un village (séquence 14) tandis que le sergent Meserve organise et commandite le kidnapping, le viol puis le meurtre d'une jeune Vietnamienne.

Meserve, finit par s'en détacher tout au long du film. La séquence 27 apparaît comme un écho à la séquence 3 du film dans sa mise en scène : deux soldats expérimentés marchent côte à côte en parlant du Vietnam tandis qu'un jeune soldat sautille derrière eux et vient les importuner. Dans la première séquence comme dans l'autre, la jeune recrue est traitée de « puceau », à l'exception près qu'Eriksson passe du statut de moqué (séquence 3) à celui de moqueur (séquence 27). D'une séquence à une autre, il prend ainsi la posture du sergent Meserve : le spectateur a alors une impression de déjà-vu à la séquence 27, durant laquelle Eriksson reproduit la trajectoire de son supérieur. Il finit cependant par en prendre conscience lorsque quelques secondes à peine après leurs moqueries, le jeune soldat en question marche sur une mine et meurt violemment. Le protagoniste, choqué, prend alors la parole et décide de se détacher totalement de la trajectoire de son prédécesseur :

> Cette saloperie est en train de nous tourner la tête Rowan. », dit-il à son camarade. « Tu sais qu'on prend tout de travers. (…) Sous le prétexte que chacun de nous peut y laisser sa peau à tout moment, tout le monde agit comme si tout nous était permis. Et peu importe ce que nous faisons. Mais moi justement je pense que c'est peut-être le contraire. Je pense qu'on devrait avoir la démarche opposée. Parce que nous pouvons mourir dans la minute qui suit, peut-être devrions-nous faire encore plus attention à ce que nous faisons. Parce que c'est peut-être ce qui est le plus important. (*Casualties of War*, séquence 27, réplique d'Eriksson)

Les personnages principaux de ces deux films, Platoon et Casualties of War, se différencient ainsi dans leur évolution émotionnelle : d'un côté, il y a ceux qui conservent leur humanité et de l'autre, ceux qui deviennent des machines de guerre dénuées de compassion. Il est intéressant de noter que ces trajectoires sont associées dans le discours d'Eriksson à des choix moraux davantage qu'à des émotions subies et incontrôlables : l'expérience du Vietnam, aussi difficile soit-elle, n'excuse en aucun cas les déviances cruelles et les crimes de guerre. Les atrocités commises par des soldats américains durant le conflit se retrouvent ici personnifiées par une poignée de soldats déviants et cruels.

## Un réinvestissement du schéma avant-pendant-après ?

Bien que ces films se concentrent uniquement sur l'épisode de la guerre, il est possible de questionner les différentes temporalités qui les composent en reprenant les codes de représentation de l'avant, du pendant et de l'après-guerre : la construction narrative de ces films s'apparente-t-elle dans sa chronologie à celle des films en plusieurs parties ? Trois premiers exemples permettent de confirmer cette hypothèse : il s'agit de *Platoon*, *Casualties of war* et *Good Morning Vietnam*.

Les schémas narratifs de ce groupe de film peuvent être étudiés au travers d'un découpage en plusieurs parties. La première présente des similarités avec la période de l'avant-guerre en ce qu'elle se constitue en introduction au Vietnam et en découverte progressive des personnages. Ces derniers, en tant que nouveaux, posent un regard innocent sur la guerre et partagent la même candeur que le jeune soldat qui s'engage au Vietnam et attend son départ. Bien que cette naïveté et ce manque d'expérience soient favorables à la peur et à la panique comme nous avons pu le voir, c'est également un moment dans la trajectoire des personnages qui est propice aux émotions positives. La première partie des trois films mentionnés est ainsi marquée par une ambiance partagée entre moments d'appréhension et moments de joie. Pendant une heure de film, le scénario de *Good Morning Vietnam* met presque exclusivement en scène des séquences festives : le disc-jockey Adrian Cronauer débarque au Vietnam pour reprendre une émission destinée aux soldats américains. Provocateur et extravagant, il bouleverse le quotidien des membres de Radio Forces Armées. C'est le début de ses émissions radio peu conventionnelles systématiquement entamées par le célèbre « goooood morning Vietnam ». L'humour de Cronauer, bien qu'il ne fasse pas l'unanimité, est un élément majeur de l'ambiance de cette première partie : il fait des imitations hilarantes de personnages fictifs comme réels et choisit des musiques dansantes pour ses interventions ; il s'invente également professeur d'anglais auprès d'une classe de Vietnamiens dans le seul but de séduire une jeune femme croisée dans la rue et va jusqu'à provoquer avec humour des soldats américains racistes et bagarreurs dans le bar du coin.

Partagé entre les locaux de la radio et le restaurant-bar préféré des soldats à Saïgon, le Vietnam apparaît davantage comme un lieu de vacances que comme une zone de guerre. Les films *Casualties of war* et *Platoon* n'atteignent pas le même niveau d'humour et d'effervescence collective que cette comédie, ce qui ne les empêchent pas de mettre en avant dans leur première partie des moments d'amusement et de festivité qui ne se retrouveront plus par la suite. Ainsi, le personnage d'Eriksson est d'emblée présenté comme un bon vivant, très curieux, qui partage aussi bien des moments de détente avec des civils vietnamiens qu'avec ses camarades. La représentation de soirées festives est d'ailleurs commune à ces trois films : Cronauer boit des verres au bar avec ses collègues, Eriksson partage des moments alcoolisés avec ses équipiers tandis que Chris intègre le « clan des planeurs » dont les mots d'ordres sont détente, bière, drogue et musique dansante. Ces premiers temps sont ainsi ceux des nouvelles amitiés et des rapprochements entre soldats. Bien qu'elle ne soit pas la seule émotion représentative de cette période, la joie semble marquer davantage ces moments de l'« avant ».

L'avant n'est pas ici un avant-guerre, mais plutôt la partie précédant la rupture au sein de la période combattante. Cette rupture est généralement un épisode violent, traumatique, qui devient le point de bascule de l'atmosphère générale du film. Elle se situe à la séquence 28 de *Good Morning Vietnam*, lorsque la violence fait pour la première fois une apparition directe dans le film : alors que Cronauer quitte son restaurant préféré, une bombe explose et fait plusieurs morts parmi les clients. L'animateur radio, jusque-là témoin à distance de la guerre, devient un spectateur interne de ses dégâts. Dans *Casualties of war*, c'est le kidnapping d'une jeune vietnamienne qui vient marquer la division de la section du sergent Meserve : spectateur indigné des souffrances de leur prisonnière, Eriksson commence à se détacher du reste du groupe et perd progressivement toute sa joie de vivre et son innocence. C'est également un crime de guerre qui vient achever la scission de la section de Chris Taylor dans *Platoon* : la mort d'une civile vietnamienne. C'est quelques séquences plus tard, lors du meurtre de Barnes, que le protagoniste atteint son point de rupture et se métamorphose. Ces différents évènements marquent le basculement de l'ambiance dans ces trois films : Taylor ne pense plus qu'à la vengeance, quand de nombreux soldats montrent leur détresse face aux tournures de la guerre (*Platoon*) ; Eriksson met tout en œuvre pour dénoncer l'injustice dont il a été témoin mais craque en comprenant que personne n'est disposé à l'écouter (*Casualties of war*), tandis que Cronauer n'accepte plus de dissimuler les horreurs de la guerre à ses auditeurs et sombre dans la déprime (*Good Morning Vietnam*).

Finalement, ces personnages s'approchent visuellement et scénaristiquement de la représentation du vétéran de guerre dans les films en plusieurs parties. La thématique du traumatisme est aussi explorée, notamment chez Chris Taylor et Eriksson, qui pleurent tous deux face caméra au retour de leur mission. Enfin, à l'image des films mettant en scène un après-guerre, ces scénarios débouchent sur la résolution du problème et l'ouverture sur des jours meilleurs : après avoir tué le cruel sergent Barnes, Chris Taylor rentre chez lui et se prépare à oublier la guerre tandis qu'Eriksson assiste au jugement de ses camarades reconnus coupables de crimes de guerre et se réveille de son « mauvais rêve »[49]. Cronauer, quant à lui, quitte le Vietnam, non sans avoir dit au revoir à tous ses amis et organisé un match de baseball mêlant Américains et Vietnamiens. Chacun de ces films se ferment sur une note positive.

Les scénarios de ces trois films peuvent ainsi être scindés en trois parties principales : l'introduction au Vietnam marquée par une ambiance insouciante et festive, un point de rupture qui représente le nœud de l'histoire et une dernière partie plus sombre, durant laquelle le protagoniste apparaît plus fatigué et abîmé par son expérience. La résolution du problème principal – généralement associé à l'impunité des personnages commettant des crimes de guerre – finit par apporter une note d'optimisme pour la suite de l'histoire personnelle des héros.

---

[49] Toute la construction narrative de *Casualties of war* repose sur un long flash-back : Eriksson s'endort dans les transports en commun, se souvient de ce qu'il a vécu au Vietnam, puis se réveille à la fin du film. Lorsqu'il revient à lui, une jeune femme ressemblant à la jeune Vietnamienne kidnappée lui dit alors : « Vous avez fait un mauvais rêve. (…) Mais c'est fini maintenant. »

Cette construction se rapproche bel et bien de celle des films en plusieurs parties, dont les personnages connaissent une transformation similaire.

## Contre-exemples : Apocalypse Now et Hamburger Hill

D'autres films se détachent pourtant de ce schéma narratif en proposant une montée progressive de la tension jusqu'à une apogée dramatique finale : le schéma avant/après perd ici en pertinence. C'est le cas dans les films *Apocalypse Now* et *Hamburger Hill*.

Le film de Francis Ford Coppola se différencie des exemples précédents au travers de sa construction scénaristique particulière : le film ne s'ouvre pas sur le jeune soldat inexpérimenté qui découvre de ses yeux candides le Vietnam, mais au contraire sur le capitaine Willard, un soldat aguerri, qui pense à la guerre depuis son lit. Contre toute attente, la guerre lui manque : « Saïgon, merde. Je suis encore à Saïgon, seulement Saïgon. Chaque fois que je me réveille, je crois que je suis de retour dans la jungle. Pendant ma première perm' aux États-Unis, c'était encore pire. Je me réveillais et rien. (…) Ici je ne rêvais que d'être là-bas ; une fois là-bas, je ne pensais plus qu'à une chose : retourner dans la jungle. Déjà une semaine que j'étais là, j'attendais une mission. Je me ramollissais. Chaque minute passée dans cette chambre m'affaiblissait, alors que chaque minute passée accroupis dans la jungle renforçait les Viet. Chaque fois que je levais les yeux, les murs s'étaient encore rapprochés » (séquence 2). L'enfermement, l'inaction et l'attente lui sont insupportables si bien qu'il commence à sombrer dans la folie dans sa chambre d'hôtel. La séquence 3 le met en scène en train d'effectuer une danse chamanique qui s'achève par un violent coup sur son miroir. Nu, recouvert de sang, il fond en larmes.

C'est la seule et unique fois que le personnage principal se dévoile autant à l'écran, laissant libre cours à ses émotions et à toute sa fragilité. A partir du moment où l'état-major lui donne une mission, le capitaine Willard retrouve un visage stoïque et fermé pour réendosser son rôle de soldat. Cette mission, qui n'a aucun lien avec les enjeux stratégiques au Vietnam, est simple :

il doit traverser le Vietnam, trouver le colonel Kurtz accusé d'être un fou sanguinaire, et le tuer. Cet ordre est clairement donné dès le début du film (séquence 5) et demeure le seul et unique objectif du personnage principal tout au long de sa trajectoire. *Apocalypse Now* suit ainsi le voyage de son équipage du Vietnam jusqu'au Cambodge : c'est une avancée lente et progressive vers la folie et le chaos. L'une des enquêtés cinéphiles analyse le film comme une progressive « descente aux enfers » : lorsqu'elle est interrogée sur les différentes périodes du film, cette dernière soutient qu'*Apocalypse Now* peut difficilement être compartimenté en différentes parties.

> Le film démarre avec un truc un peu classique, avec une histoire un peu claire. Et en fait, à mesure que le film avance, ça devient de plus en plus dense, les personnages deviennent de plus en plus fous, ça devient de plus en plus bizarre. (…) C'est vraiment ça qui m'a marquée : ce côté « petit à petit », cette sorte de dégradation et d'enfoncement dans une espèce de folie où les hommes sont de moins en moins des hommes. (…) C'est assez progressif cette descente aux enfers, donc ce n'est pas des moments très séparés. Ça se fait de façon graduelle. C'est quelque chose d'assez linéaire. (Marion, entretien)

La tension monte progressivement à mesure que les personnages s'enfoncent un peu plus dans la jungle vietnamienne, accompagnée par une bande-sonore de plus en plus inquiétante : la séquence 20 introduit ainsi une ambiance lourde tandis que les personnages vaquent à leurs occupations sur le bateau. Parmi eux, Lance est en train de se recouvrir le visage de peinture verte, premier comportement étrange chez le personnage qui commence à devenir fou. Plus tard, au cours de la séquence 25, l'embarcation passe sous les débris d'un avion écrasé, dans une ambiance de plus en plus pesante. Plus l'équipage approche de sa destination, plus la menace semble s'approcher : elle se concrétise dès la séquence 34, lorsque les trois derniers protagonistes vivants – Willard, Chef et Lance – atteignent le camp du colonel Kurtz. C'est seulement après plus de deux heures trente de film que l'apogée dramatique est atteinte : c'est d'abord la mort théâtralisée et violente de Chef[50]

---

[50] La mort de Chef n'est pas directement montrée à l'écran mais symbolisée au travers de la tête décapitée du personnage, qui est jetée sans ménagement sur les genoux du capitaine Willard (séquence 40).

qui est représentée à l'écran, puis, point culminant du film, le « sacrifice » de Kurtz mis en parallèle avec celui d'un bœuf. Le scénario s'arrête ainsi brusquement, ne donnant aucune visibilité sur l'après : une fois l'objectif atteint, Willard reprend le cours du fleuve. Le spectateur ne sait finalement pas ce qu'il devient et reste en haleine face à son visage recouvert de peinture et aux mots du colonel Kurtz qui ferment le film : « horreur, horreur ».

Le deuxième film, *Hamburger Hill*, ne propose ni le même sujet de réflexion ni la même mise en scène que ceux d'*Apocalypse Now*. Les structures narratives de ces deux films peuvent néanmoins être comparées. Comme l'équipage du capitaine Willard, les soldats de la 101$^{ème}$ compagnie se voient attitrer une mission unique et claire : ils doivent prendre une colline à l'ennemi Viêt-Cong. Le film monte alors en tension de manière graduelle, notamment au travers d'une alternance constante entre séquences de combat et séquences de repos. Chaque jour, les soldats partent à l'attaque au cœur de la jungle, dans la boue, parfois sous la pluie, gagnent quelques mètres puis retournent au camp pour y passer la nuit. Ce scénario se répète du « jour 1 » au « jour 10 », tandis que chaque soir, le groupe déplore un nouveau blessé ou un nouveau mort. Progressivement, l'ambiance se fait de plus en plus lourde, même pendant les séquences de relâchement, pendant lesquelles les soldats se détendaient et rigolaient au début du film : ces scènes deviennent finalement des moments de confessions, de désespoir voire de réflexions critiques face au manque de reconnaissance de leur sacrifice de la part de la société américaine. Les séquences deviennent de plus en plus émotionnelles, jusqu'à atteindre une apogée dramatique : l'affrontement final. La particularité de cette dernière séquence réside notamment dans l'apparition d'une musique de fond pendant que les soldats se lancent sur le dernier pan de colline qui leur reste à grimper. L'ambiance se fait tragique : les corps courent en vain, tombant sans cesse, remontant à l'infini, tandis que les morts se succèdent dans les rangs américains. Puis, la victoire arrive, douloureuse et sans joie : seulement trois soldats des deux sections représentées à l'écran survivent et atteignent le haut de la colline, déjà désertée par l'ennemi. Le jeune Beletsky se retourne, les larmes aux yeux, pour observer en silence le pan de la colline recouvert des cadavres de ses amis. La mission est achevée, le film également, ne proposant une nouvelle fois aucune ouverture sur l'après. Le dénouement y est, comme dans *Apocalypse Now*, très mitigé : la mission est accomplie, mais au prix de la vie de la majorité des personnages principaux.

# CHAPITRE 6

# Des invariants émotionnels dans les constructions narratives ?

L'étude des trajectoires émotionnelles des différents personnages met en lumière des parcours qui suivent un schéma assez similaire, malgré quelques exceptions : certaines propositions narratives se détachent justement des schémas et des codes de représentation de l'expérience combattante et proposent ainsi des discours originaux sur le Vietnam. Demeurent cependant des points communs entre toutes les trames dramatiques étudiées. L'objectif de cette partie est donc de mettre en lumière les étapes et épreuves structurantes ainsi que les émotions et leurs objets qui sont présents de manière récurrente dans les films étudiés. Dans toutes ces productions cinématographiques, l'émotion est fortement cadrée par les scénarios : il existe des moments spécifiques dédiés à l'expression et la valorisation de certaines émotions à l'écran.

## La richesse et l'intensité des émotions en guerre

A la fin des entretiens, les enquêtés cinéphiles ont été interrogés sur leur perception des émotions représentées dans les films du corpus. Les réponses mettent en lumière une grande richesse des affects retenus, mais aussi la mise en scène de certaines émotions massivement citées par les enquêtés. Ce sont d'abord des émotions dites « négatives » (Léa) et particulièrement fortes qui sont mises en avant dans les discours. La peur et la panique gagnent le première place du podium, étant citées par quatre cinéphiles sur cinq : « Ce que je retiens le plus, c'est la peur » (Marion), « ils ont peur de mourir » (Léa), « de manière générale, tu as la peur » (Yann), « il y a toujours, à un moment, une image de guerre qui montre des gens qui sont dans l'effroi, dans la peur » (Marc). En seconde place arrive la tristesse qui est systématiquement associée à la perte d'un camarade. Léa parle ainsi des « camarades qui meurent », Marion fait référence au fait de « voir ses coéquipiers mourir » quand Vincent évoque une émotion « de douleur ou de perte d'un frère d'armes ». Les cinéphiles font d'emblée le lien entre un affect récurrent dans les films de guerre et le cadre dans lequel il s'inscrit : la mort du proche. Les autres émotions évoquées sont plus diverses et moins régulières dans les discours recueillis. Léa et Marion mettent l'accent sur ce qu'elles appellent la « folie » et les « traumatismes », jugés à la limite de la définition de l'émotion et pourtant intrinsèquement liés aux affects des personnages. Pour finir, apparaissent les termes de « haine » (Léa) et d'« indignation » (Yann). Ces émotions dites « négatives », bien que majoritairement citées et jugées marquantes, sont toutefois contrebalancées par des évocations plus positives. L'amitié et la solidarité sont mises en avant par Vincent et Marc : le premier évoque « l'esprit de camaraderie américain » tandis que l'autre insiste sur « une profondeur des sentiments amicaux ». Enfin, Yann est l'unique enquêté à évoquer la joie comme émotion centrale de ces films : il a été marqué par sa présence importante dans le film *Voyage au bout de l'enfer*, qu'il cité à titre d'exemple. Cette joie est toujours associée, dans ses discours, à la mise en scène du mariage de Steven et Angela.

Il s'agit là des affects marquants pour les enquêtés, qui retiennent les représentations les plus intenses ou les plus récurrentes dans les films. Car c'est bien par leur intensité que ces émotions se détachent dans les discours recueillis. Lorsqu'ils sont interrogés sur les potentielles différences entre ce que l'on ressent à la guerre et ce que l'on ressent en tant que civil au quotidien, la plupart des cinéphiles sont d'accord pour marquer une frontière claire entre le premier et le second cas de figure. Léa commence par évoquer un dilemme auquel elle n'a jamais été confrontée : « une émotion que moi je n'ai jamais eu à vivre, de vraiment me dire « c'est moi ou les autres », où vraiment il faut tuer pour survivre ». Marion et Yann expliquent quant à eux que les émotions présentes dans les films de guerre sont les mêmes que celles de la vie civile, à l'exception près qu'elles sont ressenties plus intensément : « elles vont décupler en fonction du contexte » (Yann). Ce sont finalement moins les émotions en elles-mêmes qui diffèrent de celles rencontrées au quotidien, que leur intensité. Ce point de vue a le mérite de mettre en lumière la grande diversité des émotions au front, qui ne se limitent pas à celles de la peur et de la tristesse. Les trajectoires émotionnelles ont en ce sens permis de montrer la large palette d'affects représentés tout aussi bien pendant la guerre qu'en dehors des combats : joie, appréhension, peur, amour, compassion, colère, dégoût, etc. Diverses, parfois opposées, toutes ses émotions sont constitutives de l'expérience militaire.

### Les cadres des émotions

La mise en scène des émotions est généralement cadrée par des contextes, qui permettent au spectateur d'identifier clairement l'affect représenté à l'écran. Cette partie propose de revenir sur les émotions très majoritairement associées à l'expérience combattante et leurs cadres récurrents dans les films du corpus : il s'agit de la peur, de l'amour fraternel et de la tristesse, ici liée à la perte du proche. Ces trois principaux affects ne sont pas les uniques émotions ressenties au front, ni même représentées dans les films de guerre, mais bien les plus couramment identifiées par les spectateurs. La joie, ainsi que les divers affects associés au traumatisme de guerre et à la culpabilité des combattants, sont également centraux dans les représentations du Vietnam mais ont été plus particulièrement traités dans l'analyse des trajectoires individuelles : la joie, associée aux moments collectifs, est généralement symbolisée par des cadrages collectifs et par une bande-sonore musicale, tandis que les traumatismes prennent très souvent les traits de la folie à l'écran[51] (mutisme des personnages, isolement dans les cadrages, plans-visages valorisant les pleurs, bande-sonore marquée par des silences...), ou du moins, du repli sur soi (mis en scène par des décalages visuels entre l'homme traumatisé et le reste des personnages).

*La peur*

La peur est mise en scène à l'écran au cours des différentes périodes de la guerre. Avant les combats, elle prend la forme de l'appréhension : elle n'est pas encore provoquée par la visibilité d'un objet d'émotion, mais par la projection de l'esprit sur ce que pourrait être la guerre. Elle est ici entièrement liée à l'imagination des futurs soldats et se retrouve principalement dans les films qui rendent visible un avant-guerre : sa mise en scène passe par des dialogues intimes, à l'image de Nick qui se confie à son meilleur ami Mike dans *Voyage au bout de l'enfer* ou de Ron Kovic qui s'adresse directement à Dieu dans une prière. Pendant l'action, la représentation de la peur est tout autre, s'approchant davantage de la panique. Cette dernière semble se jouer et se reconnaître au travers de l'évocation de la perte de contrôle : hurlements, désorientation et comportements jugés « irrationnels » envahissent l'écran. Le cri est le moyen le plus utilisé pour la symboliser : il se retrouve chez les deux personnages du film *Birdy* en plein cœur des combats, sur le visage de Francis qui traverse la zone de guerre en hurlant (*Platoon*, séquence 59) ou encore sur celui de Chef qui n'arrive plus à se calmer après avoir croisé la route d'un tigre dans *Apocalypse Now* (séquence 13). Pendant les combats, la saturation de la bande-sonore peut également permettre d'évoquer la perte de sens des personnages : à la fin de la séquence 18 de *Né un 4 juillet*, le spectateur est plongé aux côtés de Ron Kovic dans un brouhaha de tirs, de cris et de musique tragique, tandis que la caméra mobile fait des mouvements brusques. La panique passe ici par une projection

---

[51] Nous pouvons reprendre l'exemple des personnages de Birdy (*Birdy*), de Baleine *(Full Metal Jacket)*, de Nick (*Voyage au bout de l'Enfer*) ou encore de Ron (*Né un 4 juillet*).

du spectateur dans l'environnement oppressant qui provoque l'émotion chez le protagoniste.

Dans d'autres cas, elle est plutôt mise en scène au travers de ses manifestations corporelles : le spectateur, cette fois-ci, se fait témoin. Dans la séquence 7 de *Platoon*, la peur est représentée chez le personnage principal, Chris Taylor, qui se rend compte de la présence d'ennemis alors qu'il est en poste de surveillance dans la jungle en pleine nuit. C'est tout autant la bande-son que la bande-image qui participe à la mise en scène de la panique chez le protagoniste. La musique s'atténue pour laisser place aux bruits inquiétants de la jungle (feuillages, gouttes d'eau, insectes) puis à la respiration de Taylor et l'accentuation des battements de son cœur. La bande sonore reprend ainsi l'une des caractéristiques principales de la peur : les pulsations du cœur, classée première manifestation corporelle de la peur par les soldats eux-mêmes pendant la Seconde Guerre mondiale (Dollard, 1944, p.11). La caméra, quant à elle, suit de près chaque mouvement du corps de Chris Taylor. Après de très gros plans sur son visage et principalement sur ses yeux, la caméra finit par être guidée par le personnage et effectue des mouvements brusques dans la direction de ses regards. Il est important de noter que l'objet de la peur est également mis en scène, au travers d'un va-et-vient oppressant entre des plans sur les yeux de Taylor et d'autres sur le sentier qu'il surveille dans la jungle. La peur est alors clairement symbolisée à l'écran, dans un arrangement construit de sons, de cadrages et de techniques du corps : tous les moyens techniques visent à reproduire et accentuer les manifestations corporelles associées à la peur. L'émotion est incarnée à l'écran.

Cet exemple de mise en scène visuelle et sonore de la peur dans le film *Platoon* est loin d'être isolé : les mêmes mécanismes semblent se retrouver dans la plupart des films. Les pulsations sanguines sont très souvent accentuées pour évoquer l'effroi des personnages, à l'image d'Al, dans *Birdy*, qui fait une crise de panique dans les couloirs de l'hôpital. La bande-sonore est ainsi amplifiée et met l'accent sur certaines manifestations corporelles ou éléments de contexte permettant au spectateur d'identifier l'émotion reconstruite à l'écran. De même, les visages sont systématiquement privilégiés dans les mises en scènes visuelles de la peur : lorsque Guignol est témoin de la folie de Baleine dans les toilettes du camp d'entraînement, sa position et son expression sont mises en valeur par un plan poitrine (*Full Metal Jacket*) ; de gros plans sur les visages de Willard (*Apocalypse Now*) et de Chef (*Hamburger Hill*) exposent leur cri de panique lorsqu'ils se retrouvent face à des corps décapités ; la bande-image se resserre en très gros plan sur le visage contorsionné de Stanley au moment où Mike le menace de son pistolet (*Voyage au bout de l'Enfer*) ou encore sur celui de Ron lorsque son supérieur le menace afin qu'il ne révèle pas les circonstances de la mort du soldat Wilson *(Né un 4 juillet)*. Les objets de la peur sont également présents, de manière visuelle comme sonore, et sont généralement mis en scène par une alternance de deux prises de vue : le champ-contrechamp. Le spectateur peut ainsi reconnaître les signes corporels de la peur sur les visages des personnages et les associer à la scène qui prend place devant eux. Les contextes propices à la peur sont multiples – d'autant plus différents des uns des autres lorsqu'ils sont associés à un moment de combat ou de repos par exemple – mais renvoient majoritairement à des scènes de violence et de mort.

### *La fraternité masculine*

La fraternité masculine, affect associé à l'expérience combattante, est présente dans tous les films de ce corpus. Elle est généralement représentée par deux contextes émotionnels opposés : les scènes de joie et de partage entre les soldats hors-combat et les scènes de tristesse lors des départs ou des morts des personnages. Elle est tout autant présente dans les films en plusieurs parties que dans ceux qui se concentrent exclusivement sur le temps guerrier. La différence entre les deux scénarios réside dans la temporalité de ces amitiés.

Dans le premier cas, les scénarios mettent en lumière des amitiés qui sont généralement anciennes et qui remontent à l'enfance ou l'adolescence des personnages : Ron Kovic est proche de son meilleur ami Timmy depuis qu'ils sont petits ; Al et Birdy deviennent inséparables à l'adolescence quand Mike,

Nick et Steve font partie d'un groupe de copains ouvriers qui font les quatre-cents coups ensemble. La particularité de ces constructions narratives est de plonger ces duos ou trios d'amis dans la guerre : chaque personnage part au Vietnam de son côté, puis en revient et retrouve son ou ses amis transformé(s). Dans *Voyage au bout de l'enfer* comme dans *Birdy,* l'amitié est au cœur des scénarios : face à des personnages inséparables avant le Vietnam puis séparés par la guerre, l'enjeu du retour réside dans la volonté de sauver leur ami ou de retrouver les liens du passé. Dans ces deux films, ce n'est pas la guerre qui représente le réel nœud de l'histoire ; elle est plutôt l'élément déclencheur d'une crise au sein du groupe fraternel.

Si dans *Né un 4 juillet*, Ron apparaît surtout comme un protagoniste unique voire parfois isolé, la première partie de *Voyage au bout de l'Enfer* introduit au contraire les personnages masculins comme un collectif. Cette première période met en scène de manière récurrente des lieux et des évènements exclusivement masculins (le travail à l'usine, les soirées dans leur bar sportif, la chasse en forêt, les trajets en voiture) et majoritairement montrés sous le jour de l'amusement et du loisir[52]. La sixième séquence semble même se constituer en caricature du masculin : Mike, qui est au volant de sa voiture, se donne des défis de vitesse face à un camion et finit par se garer devant leur bar préféré. Des références à la masculinité et à la virilité (la voiture, la vitesse, la prise de risque, le match de football, le bar) se multiplient, dans une séquence où tous les personnages sont des hommes. La fraternité masculine se construit ici par opposition au féminin, qui est à son tour caricaturé au cours des séquences 4, 5 et 7, mettant en scène la fiancée, la mère du futur marié et les demoiselles d'honneur. L'amour fraternel est ainsi imposé au spectateur, par une saturation de séquences entre hommes, dans lesquelles la joie est l'affect dominant.

Dans *Birdy,* Al endosse également certaines des caractéristiques de cette virilité caricaturée (penchant pour le

---

[52] Même les séquences à l'usine ne montrent que très peu le travail des ouvriers : les amis sont montrés à la sortie du bâtiment ou dans les vestiaires, en train de discuter et de rire.

sport, passion pour les voitures, désir pour les femmes, valorisation de la force physique), mais l'amour fraternel se dessine d'une manière bien plus intimiste et sensible. Grâce aux flash-backs qui rythment le film, le spectateur découvre petit à petit la force des liens amicaux entre les deux personnages principaux. L'amitié se retrouve au cœur du scénario, mise en scène par des moments forts qui sont racontés par Al afin de restituer leur histoire commune : leur rencontre, leurs tentatives de vol (souvent ratées), les journées passées à retaper la voiture d'Al, leur virée à la plage... L'attachement d'Al envers Birdy est particulièrement visible dans les mises en scène de l'avant et de l'après-guerre : après avoir cru perdre son ami au cours de la séquence 9, il le prend dans ses bras et sanglote tout en le berçant. Il lui fait alors promettre de ne plus jamais refaire une chose pareille, révélant sa peur profonde de devoir vivre sans son meilleur ami. Cette proximité entre les deux personnages est finalement assez exceptionnelle dans le corpus de films étudiés.

Dans le second cas de figure, celui des films en une seule partie, les liens amicaux sont créés directement au Vietnam et sont issus d'une expérience commune de la guerre. Le spectateur ne découvre donc pas des amitiés existantes et déjà fortes, mais assistent au développement d'un véritable esprit de camaraderie et de solidarité au sein d'un groupe de combattants souvent très diversifié (notamment au regard des origines sociales, mais aussi des personnalités des différents personnages). La notion de fraternité n'en est pas moins importante dans ces films. Elle apparaît très souvent dans les discours des combattants : l'appellation « frère », par exemple, se retrouvent dans les dialogues de *Full Metal Jacket*, de *Platoon* et de *Hamburger Hill*. Dans le premier film, le groupe est d'emblée marqué au sein du camp d'entraînement : si les affinités amicales ne sont pas mises en avant dans cette première période, elles apparaissent au contraire au Vietnam, lorsque les différents personnages se retrouvent et partent en mission ensemble. Dans *Platoon*, les amitiés se forment directement au Vietnam, au sein de deux clans : celui de Barnes et celui d'Elias. Chez le premier groupe en particulier, les interactions mises en scène semblent très ancrées dans des références à l'image d'une virilité exacerbée. Ainsi, les fraternités masculines sont ici mises en scènes dans des dialogues récurrents sur la guerre et la virilité combattante, sur le sport mais aussi et surtout, sur les femmes. Les codes d'interaction sont assez semblables à ceux de la première partie de *Voyage au bout de l'Enfer* : blagues, railleries, parfois provocations ; toutes tournées vers l'exploit viril, tantôt associé au combat, tantôt à la « baise » (*Platoon*, séquence 10). Ce schéma de représentation du groupe masculin est présent dans chaque film du corpus. Il n'est cependant pas l'unique mode de représentation de cet amour fraternel : l'affection, la douceur, sont également présentes à l'écran, notamment dans des scènes d'embrassade. Ces moments plus intimes sont néanmoins minoritaires dans les scénarios et très fortement cadrés L'embrassade ne fait son apparition qu'au moment de la séparation avec un ami (mort au combat ou sur le point de quitter le Vietnam) ou de la peur de cette perte (comme c'est le cas à deux reprises dans *Birdy*, lorsqu'Al pense perdre son ami à tout jamais).

## Zoom sur images : le câlin.

| | |
|---|---|
|  | *Platoon* (Oliver Stone, 1986), séquence 24 : Chris Taylor prend son ami King dans les bras avant que celui-ci quitte le Vietnam définitivement. C'est l'unique séquence du film qui met en scène de manière aussi intime le lien fort entre les camarades américains. Tout au long de la séquence, leurs échanges sont valorisés par des plans poitrine. |
| *Birdy* (Alan Parker, 1984), séquence 61 : Al prend son meilleur ami dans ses bras avant que celui-ci ne soit envoyé en asile. Il finit par fondre en larmes et décide de devenir fou lui aussi, pour rester avec Birdy : durant les minutes que dure son monologue, la caméra se rapproche de son visage et se fixe longuement sur l'embrassade des deux amis. | 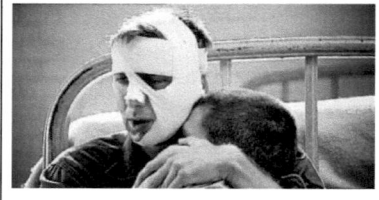 |
|  | *Hamburger Hill* (John Irvin, 1987), séquence 39 : Doc est mourant. Il s'adresse à ses amis et leur demande de tout faire pour conquérir cette colline, qui aura tant coûté à leur section : il ne faut pas gagner pour le pays, mais pour « nos frères ». Les personnes le prennent dans leurs bras et lui disent adieu. Ici aussi, la caméra opère un zoom avant pour se rapprocher au plus près des personnages et de leur accolade. |

Le film *Hamburger Hill* se trouve être un bon exemple de cette construction et valorisation de la fraternité combattante. Il peut d'ailleurs être étudié comme un film portant tout entier sur la thématique de l'amitié et de la fraternité, plutôt que sur la guerre du Vietnam en elle-même. Envoyés comme chair à canon dans une mission suicide, les soldats continuent de se battre jour après jour, non pas pour leur patrie ni pour cette « foutue colline », mais pour l'homme d'à côté, le « frère de sang ». Ainsi s'exprime le sergent Worcester, après la perte du soldat McDaniel :

> McDaniel est mort pour rien du tout. Il n'a pas laissé ses saloperies de trippes sur cette saloperie de piste dans cette saloperie de vallée d'A Shau pour la mère patrie, pour une médaille ou pour d'autres merdes dans ce genre-là. Il a pris son arme automatique et l'a sortie pour toi et pour ta section. (Hamburger Hill, séquence 22, réplique de Worcester)

La représentation du collectif est si poussée dans la construction scénaristique et visuelle de ce film qu'il est difficile d'identifier et de connaître chacun des personnages qui constituent le groupe : les noms sont peu prononcés, les protagonistes sont nombreux, peu différenciés et peu hiérarchisés (à l'exception des sergents Worcester et Frantz, qui occupent une place particulière dans le groupe, ou encore de Doc, qui s'identifie au travers de sa position de médecin). La fraternité masculine se construit ainsi à l'écran au travers de la mise en scène d'une pluralité de héros, liés les uns aux autres dans une mission suicide.

*La mort du proche*

La mort du proche est une épreuve inévitable dans les films montrant la guerre à l'écran, mais aussi celle qui se retrouve très souvent citée dans les entretiens avec les cinéphiles. La tristesse liée à la perte d'un camarade est d'ailleurs extrêmement codifiée : dans tous les films, même ceux les plus décalés comme *Full Metal Jacket*, elle s'inscrit dans un moment solennel et valorisé au sein de la trame dramatique. C'est une étape indispensable à la mise en scène d'une expérience combattante.

L'analyse de cet épisode scénaristique a permis de mettre en lumière des invariants dans la mise en scène des moments tragiques. L'usage de la bande-son est généralement central dans ces séquences tandis que les personnages-témoins sont toujours valorisés dans les cadrages, davantage que le mourant lui-même. Ce dernier ne meurt jamais de manière isolée, mais est systématiquement entouré de ses camarades et amis, qui participent ainsi pleinement à la mise en scène de l'émotion. La mort de Nick dans *Voyage au bout de l'enfer* est une bonne illustration de la construction d'un moment tragique au travers des émotions d'un personnage-témoin. Au cours d'une partie de roulette russe, Mike tente de convaincre son meilleur ami de renoncer à ce jeu dangereux. La dimension tragique s'installe progressivement par les échanges entre les deux personnages, notamment marqués par un « je t'aime » du héros à son ami, ainsi que par un contraste cruel entre l'euphorie des spectateurs vietnamiens et le désespoir des personnages qui s'affrontent. La tension monte et Mike, héros de guerre, se révèle pour une fois impuissant face à une situation qui lui échappe : il est incapable de sauver son meilleur ami de lui-même. Petit à petit, les cadrages se resserrent sur les visages des deux personnages, jusqu'à ce que Nick saisisse le pistolet et se tire une balle dans la tête d'un geste brusque. La bande-image et la bande-son valorisent alors la réaction du témoin : Mike est au cœur des plans rapprochés et ses pleurs remplissent tout l'espace sonore. Cette séquence est d'autant plus intense que le spectateur voit pour la première fois le personnage de Mike perde ses moyens et fondre en larmes, sans qu'aucun jeu d'ombres ne viennent dissimuler son état.

Ces codes de mise en scène de la mort du proche sont assez similaires dans les différents films du corpus : la figure du témoin occupe généralement plus de place à l'écran que celle du mourant. Un procédé récurrent est ainsi utilisé dans *Platoon* lorsqu'un camarade décède : le travelling caméra. Au cours de la séquence 7, le soldat Gardner meurt après l'attaque inattendue des Viêt-Cong. Si la caméra se concentre sur lui au moment où il rend son dernier souffle, elle vient par la suite longuement s'arrêter sur les soldats qui l'entourent. Une fois mort, ce sont les visages des vivants qui émergent à l'écran : les réactions des personnages-témoins sont montrées en plan rapproché à l'écran, au cours d'un travelling caméra sur l'assistance. Ce même procédé se retrouve à la séquence 13, lorsque la même section découvre le cadavre d'un soldat américain attaché à un arbre de manière provocatoire. Deux travelings caméra (de gauche droite puis de droite à gauche) participent à la mise en scène d'une émotion collective face à la perte d'un camarade. Ce focus sur les témoins participe pleinement à la construction d'un moment émouvant, d'autant plus lorsque le personnage n'est pas connu par le spectateur : si le tragique de la mort de Gardner est amplifié par le fait que la séquence 6 le montre en train de parler de sa femme dont il garde amoureusement la photo, celle du second soldat, non nommé, semble avoir moins d'impact sur le spectateur. La mort d'un inconnu, dans des films qui surreprésentent des cadavres dans les prises de vue, n'est pas en soi un moment émouvant : il le devient au travers des conséquences provoquées sur le groupe, qui produit lui-même l'émotion.

Se distinguent ainsi deux cas de figures : la mort de l'inconnu ou du camarade éloigné et celle de l'ami, voire d'un des personnages principaux. Les codes de représentation et notamment les temps d'écran consacrés peuvent varier en fonction de ces deux configurations. Cette différenciation se fait assez flagrante dans le film *Full Metal Jacket*, durant lequel le spectateur peut assister à un procédé de gradation : les scènes de mort prennent de plus en plus d'importance dans la trame dramatique et dans les bandes-images et sonores à mesure que le film avance et que les personnages sont identifiés. Prenons l'exemple de trois disparitions qui se succèdent : celles du lieutenant de la section (non nommé), de Crazy Earl puis de Cowboy. La première fait irruption pendant une séquence de combat (séquence 36) alors que le groupe avance face à un sniper. Le lieutenant reçoit une balle et meurt très rapidement, sous les yeux de ses camarades qui reprennent leur avancée : l'action ne s'interrompt pas et la mort du lieutenant devient partie intégrante de la séquence de combat, qui se détermine d'ailleurs par les cris de joie des soldats américains qui remportent cette bataille. Plus tard, au cours de la séquence 41, Crazy Earl touche une poupée piégée et tombe au sol. Cette mort prend plus de place à l'écran que la précédente, d'autant plus qu'elle fait irruption dans un moment hors-combat, mais la scène se clôture très rapidement : les soldats tentent de lui venir en aide, décrètent qu'« il est mort », observent un silence de deux secondes et reprennent leur mission. C'est pendant la séquence suivante que la mort d'un personnage devient réellement le sujet de l'action : dès que Cowboy est touché par le sniper embusqué, ses camarades se jettent sur lui pour le mettre en sécurité et lui porter secours. Le silence se fait maître à l'écran pendant plus d'une minute, tandis que la caméra part du personnage mourant de Cowboy pour s'éloigner progressivement sur le champ de guerre. La scène de combat est mise en pause, si bien qu'un vide sonore vient remplacer la saturation des combats : un moment coupé du temps, de l'action, pour valoriser l'émotion à l'écran.

Notons l'importance du rôle de la bande-sonore dans la construction de ces moments tragiques. L'émotion liée à la mort d'un proche peut être valorisée par une coupure soudaine de la bande-sonore, comme c'est le cas pour le décès de Cowboy dans *Full Metal Jacket* ou celui de Gardner dans *Platoon*. Mais cela peut aussi passer par l'usage d'une musique dite « émouvante ». Dans *Casualties of war*, lorsqu'Eriksson se rend compte de la blessure grave du sergent Brown, le fond sonore se modifie, une musique triste fait son apparition et les bruits de combat s'estompent. De même, dans *Platoon*, quand la mort du sergent Barnes apparaît comme une évidence, la bande originale du film – « Adagio for Strings » de Samuel Barber – s'amplifie et le plan se resserre sur le personnage criblé de balles. Enfin, l'une des séquences les plus émouvantes d'*Apocalypse Now* se construit également autour d'une bande-sonore émouvante. Il s'agit de la séquence 24, qui met en scène la mort de Clean. Les soldats s'immobilisent autour du cadavre de leur camarade dans un silence cérémonieux, tandis que la bande sonore repose sur la voix enregistrée de la mère de Clean. La cassette vidéo qu'il a reçu le jour-même se met en marche, dévoilant les paroles de sa mère qui se projette dans l'avenir, en parlant de retrouvailles, de petits-enfants et d'un cadeau qui l'attend au pays : « Reviens-nous entier à la maison, hein mon bonhomme. Parce que nous t'aimons tous très fort. Ta maman qui t'aime », achève-t-elle. Ce discours, superposé aux images du cadavre de Clean et de la tristesse de ses camarades, participe à la mise en scène d'une ambiance tragique.

Bien que les procédés puissent varier, notamment au niveau de la bande-son, la mise en scène de la mort du proche suit un schéma scénaristique et visuel très proche dans tous les films du corpus. Que ce soit au moment de la mort ou pendant l'enterrement, la représentation de la mort d'un protagoniste est fortement codifiée et ritualisée : elle correspond à un moment d'« expression obligatoire des sentiments », pour reprendre l'expression de Marcel Mauss qui a étudié les normes d'expression collective des émotions dans les sociétés traditionnelles d'Australie. Si la mort d'un inconnu est rarement traitée de manière travaillée à l'écran, celle du proche prend les traits d'un moment collectif et solennel, durant lequel la fraternité masculine trouve une autre voie d'expression à l'écran.

# PARTIE III

# CONSTRUCTION ET VALORISATION DU MASCULIN AMÉRICAIN AU REGARD DES DIFFÉRENTES FIGURES D'ALTÉRITÉ

# CHAPITRE 7

# L'altérité guerrière : une complexification de la notion d'ennemi

L'étude de la représentation de l'Autre met d'abord en lumière les figures mouvantes de l'ennemi. Tous les films ne mettent pas en scène la même image de l'altérité guerrière : certains vont clairement identifier le Viêt-Cong comme l'adversaire, tandis que d'autres vont se concentrer sur le mal au sein du groupe américain, faisant ainsi du Vietnamien un personnage secondaire. Dans un même et unique film, les représentations de l'ennemi peuvent même être plurielles. Certains scénarios identifient en effet plusieurs antagonistes, s'éloignant ainsi de la construction binaire opposant un *nous* et un *eux*. Il est ainsi intéressant d'observer comment ces films reprennent les codes des « gentils » et des « méchants » et les réinvestissent pour construire différentes représentations du camp américain et de ces Autres étrangers. Agnès Devictor explique que ces codes narratifs sont mobiles au sein d'un film et voyagent même d'un genre cinématographique à un autre. Elle prend l'exemple du cinéma iranien qu'elle étudie dans son travail de recherche :

> Il y a une remise en cause du fait d'utiliser systématiquement les mêmes codes pour toujours les mêmes [types de personnages]. C'est-à-dire qu'on peut utiliser des codes entre guillemets des « méchants », donc le Viêt-Cong, pour les bons Iraniens, qui eux-mêmes vont endosser les codes des commandos américains. Ce qui est intéressant, c'est de voir comment des codes vont circuler, vont être récupérés, réinvestis différemment. (…) Parfois, des codes

sont réagencés différemment par souci d'efficacité. (Agnès Devictor, entretien).

Cette partie revient donc sur les différentes figures de l'ennemi dans les films issus de la guerre du Vietnam afin d'en dresser une typologie : l'ennemi national soit le Viêt-Cong, le Vietnamien voire parfois la nature vietnamienne, l'ennemi interne au groupe ou interne à soi au travers de la thématique de la dualité de l'homme, ou encore l'ennemi haut-placé symbolisé par l'institution militaire ou par l'État américain lui-même. Il est ainsi possible de classifier les films du corpus en fonction de ces différentes constructions du méchant.

### Le Viêt-Cong, un ennemi invisible ?

Le Viêt-Cong est présent dans la trame dramatique de quasiment[53] tous les films du corpus en tant qu'ennemi officiel et régulier de l'armée américaine. Il devient une constante dans les discours des soldats américains qui font généralement référence à l'ennemi au travers d'appellations dévalorisantes et racistes : ce sont les « Viet », mais aussi « les bridés » voire les « Niaks ». Dans *Full Metal Jacket*, ils perdent toute apparence humaine lorsqu'un soldat anonyme les désigne par le partitif « du viet » (séquence 32). S'ils sont toujours présents dans les discours, ils n'occupent cependant pas la même place dans tous les scénarios.

C'est le film de Michael Cimino, *Voyage au bout de l'enfer*, qui se présente comme une particularité au sein du corpus : contrairement aux autres films, qui diversifient les figures ennemies et placent le Viêt-Cong en arrière-plan, celui-ci construit l'antagoniste national comme l'unique représentation du méchant de l'histoire. Représenté par des personnages vietnamiens cruels et diabolisés, ce dernier prend la figure du tortionnaire : il est celui qui introduit le jeu sadique de la roulette russe et qui prend plaisir à observer les soldats américains y perdre l'esprit ou la vie. Au cours de la séquence

---

[53] Dans *Birdy*, exception du corpus, il n'est pas une seule fois fait mention de l'ennemi Viêt-Cong : lors des scènes d'affrontement, ce sont uniquement les soldats américains et la violence qu'ils subissent qui sont montrés.

21, il prend un visage avec le leader du groupe des Viêt-Cong – dont l'identité se limite à quelques mots et de grands sourires. Les personnages vietnamiens qui l'accompagnent sont quant à eux représentés par des mains tenant des armes en périphérie du cadre, si bien que leurs visages sont généralement hors-champ. Au cours de l'affrontement entre Mike et Nick à la fin du film, la cruauté des spectateurs est justement mise en scène par des mains remplies de billets et par des sourires clairement montrés à l'écran, tandis que la tension monte et que la mort de Nick approche. Durant ces scènes de torture psychologique, c'est aussi l'omniprésence de leurs rires qui participe à la mise en scène de cette superposition perturbante d'émotions. Ainsi, lorsque Steve est forcé de jouer à la roulette russe, la bande-image montre ses pleurs et ses grimaces, tandis que la bande-son est inondée par les rires des Viêt-Cong. Ce procédé repose ainsi sur un décalage émotionnel entre des geôliers qui s'amusent et un prisonnier qui pleure face au « jeu » qui lui est imposé. L'ennemi, qui prend davantage la figure d'un bandit que d'un soldat, est ici représenté de manière déshumanisée et minimaliste : son seul trait de caractère est la cruauté, que soit envers les soldats américains ou envers les civils vietnamiens. Il n'occupe d'ailleurs que très peu de temps d'écran et est systématiquement éliminé par Mike dans les séquences d'affrontement[54].

Dans le reste du corpus, le Viêt-Cong se fait moins présent à l'image. Il peut prendre épisodiquement un visage – comme celui d'une jeune fille dans la séquence 42 de *Full Metal Jacket* ou celui d'un homme rampant, un couteau entre les dents, au cours de la séquence 2 de *Casualties of war* – mais demeure globalement invisibilisé et exclu des protagonistes du film. Marion, l'une des enquêtées-cinéphiles, les décrit comme « des espèces de bonhommes qui courent » dont « on ne voit même pas le visage ». Le Viêt-Cong prend ainsi la forme d'une menace invisible qui se fond totalement dans la nature hostile. Dans *Apocalypse Now*, les soldats se battent exclusivement

---

[54] Au cours de la séquence 19, Mike tue le soldat Viêt-Cong qui s'amusait à tuer des femmes et enfants vietnamiens. A la fin de la séquence 21, il tend un piège à ses geôliers et les élimine tour à tour.

contre des arbres et des hautes herbes, si bien que l'ennemi en tant que tel n'est jamais visuellement représenté[55]. Parallèlement, il met plus d'une heure à apparaître dans *Hamburger Hill* : son apparition est rapide et sert uniquement à montrer sa mise à mort par un soldat américain (séquence 28). Ce schéma de (non-)représentation du soldat Viêt-Cong se retrouve dans la très grande majorité des films, qui ont tendance à mettre davantage en lumière le point de vue américain et les conséquences des combats, plutôt que de réels affrontements. En outre, ce type de personnage finit par être assimilé à un homme-nature ; un sauvage dissimulé dans les arbres, dans les feuillages, parfois sous terre ou dans l'eau. Son atout premier est sa connaissance et sa maîtrise du terrain. Dans la séquence 2 de *Casualties of war*, l'apparition de l'ennemi se fait progressive. Eriksson et l'un de ses compagnons discutent de la possibilité que l'ennemi soit actuellement sous leurs pieds – sans réellement y croire –, quand quelques minutes plus tard, le sol s'effondre et le personnage principal se retrouve pris au piège entre deux mondes : la tête à la surface, marquée par les couleurs pâles de la nuit et l'effervescence des combats, et les jambes au cœur de galeries souterraines, dans lesquelles les ombres des ennemis se déplacent au ralenti. L'ennemi est ici une menace invisible, rampante mais pas moins efficace, qui terrifie les soldats américains jusque dans les moments hors-combat. C'est le cas, par exemple, de la section du sergent Frantz dans la séquence 26 de Hamburger Hill. Alors que les Américains écoutent la fréquence radio de celle qu'ils ont surnommé « la petite connasse », la voix d'une femme vietnamienne tente de les convaincre de se rallier à la cause Viêt-Cong. Puis, elle s'adresse directement à eux, les soldats de la vallée d'A Shau : « Vous risquez de mourir à tout instant du jour ou de la nuit. La mort vous suit partout où vous allez, comme votre ombre ». L'ennemi Viêt-Cong, dissimulé dans la jungle, est une menace permanente et toujours inattendue.

---

[55] C'est uniquement dans la mort que l'ennemi Viêt-Cong devient visible (voir par exemple la séquence 8 du film).

## Zoom sur images : l'ennemi rampant

### *Casualties of war*
### (Brian de Palma, 1989), séquence 2

L'ennemi Viêt-Cong prend le visage d'un jeune homme en train de ramper dans une galerie souterraine. Il vient ici symboliser la menace viêt-cong dans les films sur le Vietnam : un ennemi invisible, sous terre, rampant lentement pour se déplacer, tenant une lame entre ses dents. Il apparaît à la fois comme un ennemi sanguinaire (couteau) et comme un ennemi efficace, qui maîtrise son environnement de combat. Notons que cette construction visuelle est construite par opposition à la représentation d'une surface, où se déroulent les combats. Les deux espaces sont strictement opposés (couleur froide / couleur chaude, lieu ouvert / lieu fermé, verticale / horizontale, actions rapides / mouvement ralenti).

### *Hamburger Hill*
### (John Irvin, 1987), séquence 10

Le sergent Frantz fait un discours aux recrues. Alors qu'il leur décrit le mode de fonctionnement du soldat Viêt-Cong, un jeune homme fait une démonstration derrière lui. A moitié nu, un bandeau sur le front, le personnage se déplace lentement au sol, rampant et menaçant. Malgré cette mise en scène de l'ennemi comme d'un homme-nature aux traits sauvages, le sergent en dresse un portrait méliratif (efficacité, entraînement, supériorité face aux américains) et l'appelle « monsieur ».

## L'ennemi interne : le soldat américain

Face à l'invisibilité de l'ennemi officiel à l'écran et sa mise à l'écart dans la construction narrative, le véritable méchant du film passe couramment dans l'autre camp : celui des Américains. Les codes de représentations de la cruauté, par exemple utilisés dans *Voyage au bout de l'enfer* pour mettre en scène le Viêt-Cong, sont réinvestis chez certains personnages internes au groupe principal. C'est ainsi le sergent Barnes qui s'installe progressivement comme le grand méchant du film *Platoon,* en s'en prenant à des civils et en allant jusqu'à assassiner un de ses frères d'armes. Mais il n'est pas l'unique représentant du mal. Dans ces films, le mauvais américain est systématiquement soutenu par d'autres membres du groupe, créant une scission dans la section : « C'est lui [Barnes] le méchant. Et les ersatz du personnage, par exemple ceux qui veulent violer les femmes vietnamiennes, sont les méchants du film » (Sylvestre Meininger, entretien). La guerre se déplace ainsi d'un affrontement entre les Américains et les Vietnamiens vers une « guerre civile » au sein-même de la section, pour reprendre les mots du personnage principal Chris Taylor (séquence 17). Le même schéma narratif se retrouve dans le film *Casualties of War* : le cruel sergent Meserve prend la tête de l'unité et arrive à convaincre ses camarades de commettre un crime de guerre. Eriksson, seul face au groupe, est l'unique figure du « gentil » dans ce film, tandis que les quatre autres hommes finissent par représenter la cruauté et la violence américaines pendant la guerre du Vietnam. Cette opposition entre les méchants et le héros du film est notamment mise en scène par l'usage récurrent d'un champ-contre-champ, opposant le groupe et l'individu.

Les films se construisent ainsi généralement autour d'un ou plusieurs hommes à abattre au sein du camp américain. Cette cible est explicitement présente dans *Apocalypse Now* : l'équipe du capitaine Willard doit retrouver et abattre un ancien colonel américain qui a sombré dans la folie et qui fait tache noire au sein de l'institution militaire. Cette mission secrète et non-officielle devient le fil directeur du film, dans lequel les Vietnamiens ne sont que des éléments de décor voire des étapes à franchir afin d'atteindre le véritable mal : le colonel Kurtz.

L'une des enquêtées décrit ainsi son ressenti par rapport à cette représentation interne de l'ennemi :

> Pour le coup, je trouve que c'est vraiment un film sur les Américains eux-mêmes et sur leur relation par rapport à cette guerre. Et ce n'est pas tellement un film qui montre comment se battre contre les ennemis. C'est plus finalement comme si les ennemis, c'était eux-mêmes. Il y a vraiment, je trouve, ce côté-là où ils sont plus dangereux *eux*. Où ils ont plus à craindre d'eux-mêmes que des ennemis. (Marion, à propos du film *Apocalypse Now*)

C'est finalement le film *Good Morning Vietnam*, pourtant le moins marqué par la thématique de l'affrontement militaire, qui amène une véritable réflexion sur le caractère à la fois complexe et relatif de la figure ennemie. Tuan, espion Viêt-Cong, s'avère être à la fois le « meilleur ami » et l'« ennemi » officiel d'Adrian Cronauer. Unique personnage étranger réellement développé et construit dans les films de ce corpus, le jeune Vietnamien pointe du doigt la question de l'engagement militaire américain en l'assimilant à une véritable agression : il propose une autre lecture du conflit, souvent invisibilisée dans les films hollywoodiens et pourtant partie intégrante de la réalité historique. L'ennemi est ici ramené à sa position de construction relative.

> Cronauer : T'étais mon ami. J'avais confiance.
>
> Tuan : Tu as choisi camp stupide.
>
> Cronauer : (…) Je t'ai donné mon amitié, ma confiance et là, on m'apprend que mon meilleur ami, et ben c'est mon ennemi !
>
> Tuan : Ennemi ? C'est quoi ennemi ? Tu tues mon peuple tellement loin de chez toi. Pas nous l'ennemi, toi l'ennemi. (…) Ma mère est morte, et mon grand-père (…), lui tué, tué par Américains. Mon copain, mort ; sa femme, tuée. Pourquoi ? Parce que nous pas humains pour eux, juste petits Vietnamiens.
>
> Cronauer : (…) On est là pour l'aider ce pays (…) A peine cinq mois à Saïgon et voilà : mon meilleur ami est un Viêt-Cong.
>
> *Good Morning Vietnam* (Barry Levinson, 1987), séquence 48 :
> Dialogue entre Cronauer et Tuan

*Good Morning Vietnam* met ainsi en scène la figure paradoxale du soldat américain, à la fois sauveur et agresseur. Cette conflictualité devient dans certains films un combat intérieur, au cours duquel le personnage fait la découverte de sa dualité profonde : l'homme possède une part de mal en lui, révélée par l'expérience combattante et le rapport à l'autre. Cette thématique se retrouve notamment dans le discours de Stanley Kubrick. Il inscrit cette contradiction interne sur les vêtements-mêmes de son personnage principal, Guignol, qui arbore le symbole du *Peace and Love* sur sa veste et porte l'inscription « Born to Kill » sur son casque de G.I. Si cette dualité est moins visuelle et explicite dans les autres films du corpus, elle n'en demeure pas moins présente dans la trame dramatique. C'est le cas notamment du film *Né un 4 juillet*, dans lequel Ron Kovic fait un long chemin personnel afin de comprendre la complexité de son engagement au Vietnam et de se pardonner ses mauvaises actions : tantôt héros, tantôt bourreau, Ron Kovic incarne la figure complexe du vétéran de la guerre du Vietnam. C'est également à la fin de son expérience combattante que Chris Taylor conclut *Platoon* sur une révélation personnelle : « Je suis sûr maintenant, quand j'y repense, que nous ne nous sommes pas battus contre l'ennemi. Nous nous sommes battus contre nous-mêmes » (séquence 30).

### L'institution militaire : un ennemi hiérarchique ?

L'ennemi américain devient dans certains films le représentant de l'institution militaire. Il est intéressant de noter que dans des films comme *Platoon* et *Casualties of war* cités ci-dessus, les méchants de l'histoire – Barnes et Meserve – sont des sergents. Le « mauvais » américain n'est ainsi jamais issu du rang des soldats première classe, mais possède au contraire une influence et un pouvoir au sein du groupe. Plus ce pouvoir est important, plus il est difficile pour les protagonistes de se dresser contre eux. L'autorité froide, parfois abusive, est représentée dans quatre principaux films de ce corpus. C'est le sergent-instructeur Hartman dans *Full Metal Jacket*, le médecin-major dans *Birdy* et les deux capitaines dans *Né un 4 juillet* et *Casualties of war*. Ces personnages partagent un grand nombre de caractéristiques communes : autoritaires et dominants, ils s'adressent à leurs soldats de manière menaçante et se révèlent défaillants lorsque ces derniers viennent demander leur aide. Dignes représentants de l'institution militaire, ils font passer les intérêts de l'armée américaine avant ceux des soldats et des civils sur le terrain. Ils sont généralement assimilés à des personnages antipathiques, qui s'opposent au héros du film jusqu'à devenir un obstacle dans la trame narrative : c'est le cas du médecin-major qui met en péril la guérison de Birdy ou encore du capitaine Hill qui met des bâtons dans les roues d'Eriksson pour l'empêcher de dévoiler un crime de guerre. Le supérieur hiérarchique devient un ennemi direct des soldats dans *Hamburger Hill*, alors même qu'il se fait totalement invisible à l'écran : il est celui qui envoie la 101ème compagnie comme chair à canon sur la « colline du hamburger » et qui ordonne aux hélicoptères américains de tirer dans le tas, aux dépends des soldats au sol (séquence 29). Généralement peu présents à l'écran, ces décideurs à distance ont entre leurs mains la vie des personnages principaux.

**Zoom sur séquences : la représentation menaçante des capitaines**

*Né un 4 juillet*
(Oliver Stone, 1989), séquence 19

Ron Kovic fait preuve de courage en se rendant dans la tente du capitaine pour lui avouer qu'il est à l'origine de la mort de Wilson et qu'il a participé au massacre de civils. A mesure qu'il raconte les faits, le plan se rétrécit de plus en plus sur son visage, jusqu'au moment de l'affrontement entre les deux personnages. Le capitaine, qui ne montre d'abord aucun intérêt pour l'histoire de Ron, puis aucune compassion face à ses aveux, se fait menaçant : « Vous allez vous taire. J'ai assez d'emmerdements comme ça, épargnez-moi vos conneries. Sinon je vous casse, vous me recevez ? ». Le jeu de caméra (très gros plans, champ-contrechamp) valorise l'opposition à plusieurs niveaux entre les personnages : une opposition hiérarchique (capitaine/soldat première classe), une opposition émotionnelle (impassibilité et détermination / peur et hésitation) et finalement une opposition morale (taire un crime de guerre pour éviter les ennuis / avouer ses torts et faire passer la morale avant sa sécurité personnelle). Ron semble pris au piège.

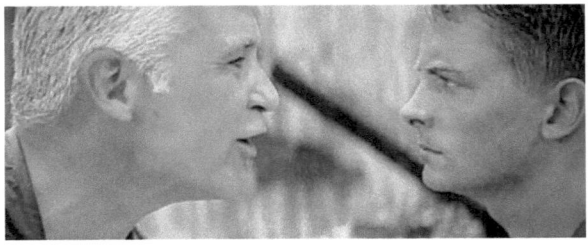

***Casualties of war***
**(Brian de Palma, 1989), séquence 28**

La rencontre entre Eriksson et le capitaine Hill reprend des codes assez similaires à ceux de Né un 4 juillet. Le soldat Eriksson vient raconter à son supérieur le crime de guerre dont il a été témoin et découvre que ce dernier est déjà au courant mais qu'il a décidé de fermer les yeux. Face à la détermination du jeune homme, le capitaine minimise le crime en question et passe par la culpabilisation : « Tu fais tout pour détruire sa vie [celle du sergent Meserve] alors qu'il a sauvé la tienne ». Il se fait de plus en plus menaçant en prévenant Eriksson que s'il parle, il met sa vie et celle de ses proches en danger face à de potentielles représailles. Le rapport de force hiérarchique est mis en scène par un face-à-face entre les deux personnages et, comme dans Né un 4 juillet, par un zoom progressif enfermant les visages des personnages. Il est aussi amplifié ici par un plan en contre-plongée dans le dos d'Eriksson, symbolisant la supériorité du capitaine.

L'institution militaire est également symbolisée de manière caricaturale par la figure du bureaucrate : « fourbe, incompétent et traitre, il ressurgit dans beaucoup de ces films » (Sylvestre Meininger, entretien). Le bureaucrate est un homme, blanc, souvent coincé derrière un bureau et généralement désagréable. Il prend le visage de l'assistant du médecin-major dans Birdy : au cours de la séquence 30, Al est interrogé de manière brutale par un secrétaire et ne comprend pas le but de ses questions intrusives et répétitives. Le personnage est représenté au travers d'un tic physique, le crachat, qui est d'emblée mis en valeur par un très gros plan sur sa bouche. De même dans *Good Morning Vietnam*, la figure du bureaucrate est mise en scène de manière caricaturale et moqueuse. Moustachus, mutiques et toujours accompagnés de leur crayon rouge, deux bureaucrates deviennent les symboles de la censure militaire dans le film : chargés de lire les nouvelles du jour et de transmettre à Cronauer ce qu'il est autorisé à diffuser à la radio, ils finissent par rayer l'entièreté des fiches pour n'y laisser que les informations météo. Dans *Full Metal Jacket*, c'est le lieutenant Lockhart qui prend cette figure de l'homme de l'arrière, ravi de rester avec « les cantinières » et d'enjoliver les informations du jour à la radio (séquence 28). Tout élément pouvant mettre l'armée américaine dans une mauvaise position est finalement censuré dans chacun de ces films.

Le représentant de l'institution militaire n'est ainsi jamais une aide pour les protagonistes, mais presque toujours un obstacle, voire un opposant direct : de la figure du commandant, en passant par celles de l'instructeur et du censeur, il peut prendre plusieurs visages, mais vient toujours nourrir une critique du système.

## La trahison de l'arrière : le peuple et l'État américains

> Il y a toute une thématique de la trahison de l'arrière qui s'est développée dans la société américaine et je ne parle pas encore des films. Dans la société américaine, il y avait un très fort ressentiment contre toutes 'ces bonnes femmes qui nous ont empêchés de faire la guerre, avec leurs manifestations. Le gouvernement qui a plié devant tout ça, alors qu'on allait gagner'.

(...) C'est la trahison de l'arrière, c'est-à-dire que les soldats étaient assez courageux, virils, valeureux, efficaces pour gagner, mais on les a empêchés de gagner. (Sylvestre Meininger, entretien)

La dernière figure de l'ennemi est finalement invisible à l'écran : c'est l'État américain, compris à la fois comme les hommes politiques qui dirigent le pays et les civils à l'arrière, qui se désolidarisent des soldats envoyés au Vietnam. Comme l'explique l'un des experts interrogés, Sylvestre Meininger, ils sont considérés comme les véritables coupables de la défaite américaine, qui n'est pas militaire mais médiatique et politique. Il n'est pas étonnant de voir cette thématique ressurgir dans certains films de ce corpus. C'est dans *Hambuger Hill* qu'elle prend la plus grande place. Récurrente dans les discours des personnages principaux, elle est source de tristesse et de souffrance psychologique pour les soldats qui risquent leur vie au front. Au cours de la séquence 34, le soldat Bienstock reçoit une lettre de sa copine qui lui annonce qu'elle le quitte et qu'elle ne veut plus lui envoyer de lettre car c'est « immoral » d'entretenir une relation avec un soldat américain au Vietnam. La concurrence masculine, restée au pays, est alors clairement décrite : des « hommes aux cheveux longs », portant des « badges peace and love », qui piquent leurs femmes et manifestent contre eux depuis les Etats-Unis (séquences 10 et 40). A mesure que le film avance, les discours sur les « traîtres » de pacifistes se font de plus en plus présents, montrant le sentiment de rejet et le manque de reconnaissance des soldats engagés. En ce sens, le discours rancunier du sergent Worcester à la séquence 40 est suffisamment représentatif de cette thématique récurrente de la trahison de l'arrière :

> Ah l'amour, c'est surfait ce truc. C'est vrai qu'ils en parlent tous parce que tout le monde s'aime à l'arrière. Ah l'amour, ils se le tatouent en gros sur le front. Ils portent aussi des badges sur leur chemise à fleurs. Ouais on s'aime à l'arrière, sans oublier personne : chat, chien, négresse, pingouin, rital, youpin, pd, débile. Mais la vraie vedette à l'arrière, celui qu'on aime plus que tout, c'est le bridé. (...) Ils aiment tout le monde, sauf toi. (Hamburger Hill, séquence 40, réplique du sergent Worcester)

Il raconte ensuite l'une de ses permissions à Oakland : il a été accueilli par des boîtes de « cacas de chien », l'amant de sa femme et un père recevant des coups de fils haineux de personnes heureuses d'avoir appris la mort de son fils envoyé au Vietnam. Cette réplique racontant le retour au pays met en avant la position de victime du soldat américain : il n'est plus vu comme un héros de guerre mais comme un pariât de la société, tandis que le soldat Viêt-Cong lui-même est soutenu par le peuple américain. Ce discours se retrouve dans la construction narrative de *Né un 4 juillet* : Ron Kovic, avant de devenir un militant actif, se trouve d'abord dans la position du soldat rejeté et mal-aimé. Révolté par cette trahison nationale, il va jusqu'à se retourner contre son propre frère qui défend les manifestants pacifistes. Ce n'est qu'après une prise de conscience tardive, lorsqu'il voit de ses propres yeux les violences policières contre les manifestants, que le héros du film se rend compte de l'identité du véritable coupable : ce ne sont ni les soldats envoyés au Vietnam, ni les civils qui brûlent des drapeaux américains qui sont ici à blâmer, mais plutôt les dirigeants des États-Unis. Au cours de la séquence 71, il s'introduit avec ses amis à la convention nationale républicaine en faveur de la réélection de Nixon (1972) et crée un mouvement de haine auprès des participants pro-guerre. Une journaliste s'approche alors de lui et rapporte pour la première fois ses propos à la télévision :

> Je suis venu vous dire que cette guerre est injuste, que cette société nous a menti à moi et mes frères. Elle a trompé le peuple de notre pays. Elle a pris au piège ces jeunes gens en les envoyant combattre à 21 000 km, dans une guerre atroce, contre des pauvres paysans. (…) Nous aimons tous l'Amérique, le peuple américain. Ceux que nous n'aimons pas, ce sont les dirigeants, parce qu'ils sont corrompus. Ce sont tous des bandits et des criminels (…) Nous sommes venus ici pour dire la vérité. (…) Ils envoient vos enfants crever au Vietnam, voilà la vérité. (*Né un 4 juillet*, séquence 71, discours de Ron Kovic)

L'ennemi Viêt-Cong prend le visage de « pauvres paysans » tandis que les dirigeants américains sont qualifiés de « criminels ». Ainsi, les protagonistes directs de la guerre, soit les soldats américains et vietnamiens, sont tous deux relayés au rang de victimes d'une politique injuste.

Tableau 1 : Bilan des différentes classifications de l'ennemi dans les films du corpus

| | Le Viêt-Cong identifiable[56] | L'ennemi invisible ou la nature[57] | Le Vietnamien | Le soldat américain, le groupe | L'ennemi interne (soi-même) | L'institution militaire (supérieur hiérarchique, bureaucrate) | L'État américain et les hommes politiques |
|---|---|---|---|---|---|---|---|
| A1 | Tortionnaires | | | | | | |
| A2 | | x | x | x | | | |
| A3 | | | | | | x | x |
| A4 | | x | | x | x | | |
| A5 | Jeune sniper | x | | | | x | x |
| A6 | Soldats pendant les combats | x | | | | x | x |
| A7 | Tuan | | | x | | x | |
| A8 | | x | | | x | x | x |
| A9 | Gros plan sur un soldat | x | x | x | | | |

| | | |
|---|---|---|
| A1 : Voyage au bout de l'enfer (Michael Cimino, 1978) | A4 : Platoon (Oliver Stone, 1986) | A7 : Good Morning Vietnam (Barry Levinson, 1987) |
| A2 : Apocalypse Now (Francis Ford Coppola, 1979) | A5 : Full Metal Jacket (Stanley Kubrick, 1987) | A8 : Né un 4 juillet (Oliver Stone, 1989) |
| A3 : Birdy (Alan Parker, 1984) | A6 : Hamburger Hill (John Irvin, 1987) | A9 : Casualties of war (Brian de Palma, 1989) |

A l'exception de *Voyage au bout de l'enfer*, tous les films du corpus se caractérisent par des figures diverses de l'ennemi au sein même de leur trame dramatique et mettent ainsi en lumière le caractère relatif de cette notion. L'Autre à combattre prend un visage différent en fonction du point de vue adopté : certains se contentent de voir l'ennemi traditionnel quand d'autres adoptent un point de vue plus critique par rapport à leur propre

---

[56] L'ennemi Viêt-Cong est présent corporellement et est clairement identifiable : on voit au moins une fois son visage dans les cadrages.
[57] Cette catégorie n'est pas incompatible avec la première : l'ennemi Viêt-Cong peut prendre un visage dans une séquence, mais être majoritairement invisible à l'écran, voire confondu avec la nature. C'est d'ailleurs le cas dans tous les films pour lesquels les deux premières cases sont cochées.

camp et s'éloignent ainsi des visions réductrices des antagonismes combattants. Ces constructions narratives plus complexes se différencient des représentations binaires de l'ennemi, en intégrant notamment des personnages intermédiaires (ex : le bureaucrate) et des discours psychologiques (ex : le mal en soi). Dans ces films, le soldat américain alterne entre les figures du héros, de la victime et du bourreau.

# CHAPITRE 8

# L'altérité nationale : une instrumentalisation des Vietnamiens

S'intéresser aux représentations de l'Autre dans les films hollywoodien traitant du Vietnam demande également de se pencher sur les différentes figures que prennent les civils vietnamiens. Hommes, femmes et enfants participent à la mise en scène visuelle de l'ailleurs et deviennent parfois des personnages identifiés dans les trames dramatiques. Souvent délégués au rang de décor, ils sont davantage des personnages passifs que de réels acteurs des films du corpus. La thèse principale de cette partie repose sur la récurrence de rôles subalternes et instrumentalisés des civils vietnamiens : à l'écran, ils servent d'instruments de valorisation de la figure de témoin, le soldat américain, et ne sont quasiment jamais des personnages construits et indépendants.

## Des civils comme décor

La représentation des civils dans les films sur la guerre du Vietnam est une des particularités visuelles de ce cinéma. Comme nous l'avons vu, ils participent à la mise en scène d'un ailleurs exotique et sont des éléments de décor au même titre que les palmiers, les animaux de ferme ou encore, les huttes. Ne leur sont ainsi accordés ni personnalité, ni émotion, ni point de vue. Il est intéressant de noter qu'ils sont souvent utilisés comme introduction au Vietnam, comme c'est le cas dans *Full*

*Metal Jacket* et *Hambuger Hill*. Le premier met en scène l'arrivée à l'étranger au travers d'un plan d'ensemble sur les rues animées de Saïgon : sur la musique « These Boots are made for Walkin' » de Nancy Sinatra, une jeune vietnamienne en minijupe se déhanche en direction de Guignol et de son ami Rafterman pour leur proposer ses services contre 15 dollars. Un jeune homme en profite alors pour voler l'appareil photo de Rafterman et provoque les Américains en reproduisant des positions d'arts martiaux dans la rue. Ces deux représentations caricaturales du civil vietnamien, entre prostitution et Vo Thuat[58], ouvrent la seconde partie du film et introduisent le Vietnam au spectateur. Dans *Hamburger Hill*, la mise en scène, bien que moins humoristique, est assez similaire dans son utilisation des femmes vietnamiennes comme éléments de décor. La troisième séquence s'ouvre sur le plan rapproché d'une petite fille vietnamienne assise sur le bord de la route. Elle se poursuit avec une scène de séduction entre un soldat américain et une jeune femme. Une fois en voiture, les soldats traversent des paysages vietnamiens et croisent des civils sur leur chemin : c'est une nouvelle fois une jeune fille qui fait son apparition et qui tente de vendre des boissons aux hommes. Cette traversée du Vietnam est ainsi mise en scène au travers de divers personnages féminins, qui ne sont jamais au cœur de l'action mais plutôt en périphérie de l'histoire (en train de marcher, de travailler, de discuter) : elles accompagnent l'action principale, qui est celle des soldats américains, et participent à la construction visuelle de l'ailleurs.

Si dans ces deux exemples, les civils vietnamiens sont clairement identifiés et mis en avant par des cadrages individuels, ils peuvent aussi être représentés par la masse dans les films du corpus. Les rares séquences se passant dans les rues vietnamiennes en sont de bons exemples. Après leur évasion du camp de prisonniers, Mike et Steve (*Voyage au bout de l'Enfer*) atteignent les rues de Saïgon et y trouvent du secours : la caméra suit le héros du film en train de porter son ami blessé et de le confier à des soldats sud-vietnamiens. Cette action est

---

[58] Le Vo Thuat renvoie à la traduction vietnamienne des « arts martiaux ». Il désigne des pratiques de combats originaires du Vietnam.

incluse dans une scène plus globale qui sert à illustrer la violence de la guerre du Vietnam et l'exode des civils sur les routes. Tanks, voitures, bus et vélos s'enchaînent à l'écran tandis que des centaines de silhouettes marchent dans la même direction. Ce sont essentiellement des plans d'ensemble, en contre-plongée, qui illustrent cette foule de civils sur un fond sonore mêlant musique dramatique et bruits de circulation : les vietnamiens sont aussi représentés par une masse anonyme. Ces codes de représentation sont repris à la séquence 51, lorsque Mike revient au Vietnam pour y découvrir un chaos généralisé dans les rues de Saïgon. Les Vietnamiens, ici, participent à la construction d'une ambiance générale.

Enfin, un dernier exemple permet d'aborder un troisième cas de figure, dans lequel les civils ne participent pas seulement à la mise en scène d'un décor, mais aussi à celle d'un personnage. C'est exactement l'usage qui est fait des enfants vietnamiens dans la partie finale du film *Apocalypse Now*. Le capitaine Willard, qui a enfin réussi à atteindre sa cible, se retrouve prisonnier dans un camp où dominent folie et violence. Il y rencontre l'objet de sa mission, le colonel Kurtz, et « ses » enfants. Personnage mystérieux, Kurtz prend les traits d'un dieu au sein de sa micro-société installée au cœur de la jungle cambodgienne : ses enfants sont finalement tous les personnages américains et vietnamiens, déserteurs et civils, qui l'ont rejoint dans son mode de vie et ont fini par partager ses croyances. Dans la séquence 41, il est représenté au milieu d'un groupe de petits garçons, qui prennent part à la construction complexe d'un personnage paradoxal : violent mais aimant, intelligent mais fou, charismatique mais effrayant, il est en très grande partie mis en scène par les nombreux personnages qui gravitent autour de lui et qui participent à un tableau quasi religieux.

*Apocalypse Now* (Francis Ford Coppola, 1979), séquence 41

### Des civils comme personnages

Plus rares sont les films qui accordent une place aux figures d'altérité nationale au sein de leur scénario. Seulement trois ont ici été retenus pour illustrer la mise en scène de civils comme personnage, c'est-à-dire, comme individu ayant véritablement un rôle dans la trame dramatique. Il s'agit d'une part de *Platoon* et *Casualties of war* qui représentent à l'écran la souffrance des populations vietnamiennes, et d'autre part, le film *Good Morning Vietnam*. Ce dernier s'avère être la seule production hollywoodienne de ce corpus à donner une voix et une personnalité à des personnages étrangers.

Dans les deux premiers films, les civils vietnamiens occupent une place importante à l'écran. Contrairement à la majorité des productions de ce corpus, l'Autre est mis en scène de manière humanisée : les bandes-images et bandes-son accordent une place aux émotions de ces personnages, et par conséquent, donnent une certaine visibilité à leurs souffrances et leur vécu. Moment central du film *Platoon*[59], la séquence 14 met en avant l'Autre comme un personnage humanisé. Pour la première fois dans le film, le spectateur peut voir des civils vietnamiens à l'écran, voire plus, des Vietnamiens vivants et en

---

[59] La séquence 14 coupe le film en deux : il y a un avant (le groupe) et un après (la scission). Elle est également la séquence la plus longue du film, atteignant presque les 15min d'écran. Cet épisode est donc à la fois central dans la trame dramatique et dans la construction du film.

interaction avec des personnages américains[60]. Après avoir découvert le cadavre d'un camarade violenté et accroché à un arbre en guise d'avertissement, la section Platoon reprend la route jusqu'à atteindre un petit village vietnamien. C'est alors emplis de colère et en quête de vengeance qu'ils fouillent les maisons afin de mettre la main sur les coupables. Tout au long de la séquence, la caméra passe de l'agresseur – le soldat américain – à ses victimes, qui s'avèrent être principalement des femmes. Epouses, mères et filles crient, pleurent et protestent face à la violence des Américains qui tuent tout homme vietnamien jugé suspect. Chose rare dans les films hollywoodiens, le spectateur peut alors entendre la voix de personnages étrangers ainsi que leur langue locale : comme les protagonistes, le spectateur a peu de chances pouvoir comprendre ce qui est dit, mais peut le deviner au travers de la très grande expressivité des femmes vietnamiennes. Un peu plus tard, l'une d'entre elles est brutalement assassinée par le sergent Barnes, provoquant une vague de désarroi chez les villageois. Parmi eux, se distinguent un mari et une enfant, qui pleurent la mort de leur proche. Bien qu'ils ne soient pas nommés, les personnages vietnamiens ont ici une identité, symbolisée par leurs relations sociales au sein du village (par exemple, le chef du village auquel s'adresse les soldats américains) ou de leurs rapports familiaux (par exemple, les statuts de père, de fille et de femme). Ce sont finalement leurs réactions et l'expression de leurs émotions qui permettent de les identifier clairement au sein du groupe, mais aussi de les reconnaître dans leur statut de victime. Les émotions sont ici au cœur de la représentation de l'Autre.

Ce mode de représentation se retrouve de manière très similaire dans le film *Casualties of war*. Lorsque le petit groupe de soldats américains s'introduit dans un village endormi pour kidnapper une jeune femme, des personnages vietnamiens pleurent et crient dans leur sillage. Ces personnages sont essentiellement des femmes. Une mère et une sœur apparaissent clairement à l'écran, désespérées et impuissantes. Dans les

---

[60] Notons que jusque-là, les personnages d'origine vietnamienne étaient soit représentés morts, soit sur le point de mourir.

séquences qui suivent, la prisonnière s'exprime uniquement au travers de larmes et de cris, n'ayant aucun autre espace d'expression. Présente dans treize séquences sur les trente-trois qui constituent le film, elle devient un personnage central de l'histoire et prend une position de martyre : kidnappée, traînée sur la route, violée puis assassinée pour le simple plaisir des soldats américains, elle devient un symbole de la souffrance des populations vietnamiennes pendant la guerre. Il est cependant nécessaire de souligner le fait que ce personnage, pourtant au cœur de la trame dramatique, n'est jamais nommé dans le film ni représenté autrement qu'au travers de son statut réducteur de victime. Comme les civils mis en scène dans *Platoon*, cette jeune fille ne s'exprime qu'au travers d'émotions fortes et caricaturées, et n'est finalement jamais dans une réelle interaction, ni dans une position d'égalité avec les personnages américains. La barrière de la langue et le peu de temps accordé à de réels échanges avec les protagonistes empêchent une autre forme de communication entre les deux camps. Par conséquent, ces personnages vietnamiens ne sont jamais dotés d'une personnalité ni d'une psychologie aussi approfondie que celle des soldats américains.

C'est en ce sens que le film *Good Morning Vietnam* représente une profonde singularité au sein du corpus étudié. Il est le seul film à donner de véritables rôles aux personnages étrangers, et ce, en grande partie grâce au fait que ces derniers parlent et comprennent l'anglais. Trois personnages vietnamiens occupent une place particulière dans le scénario, s'inscrivant au rang de personnages de l'histoire. Le premier est Jimmy Wah, patron du bar dans lequel les protagonistes, se retrouvent régulièrement : il apparaît dans cinq séquences du film. Souriant, extraverti et bon commerçant, il noue des liens avec ses clients américains, dont fait partie Adrian Cronauer. Au cours de la séquence 38, qui marque une rupture dans la trame narrative, c'est le bar de Jimmy Wah qui explose, emportant le travail de toute une vie : les cris et pleurs du personnage sont visibles et audibles au cours de la séquence. Vient ensuite le personnage féminin central : Trinh, la jeune vietnamienne que Cronauer croise dans les rues de Saïgon au début du film. Présente dans onze séquences au total, elle joue le rôle de la femme désirée mais inaccessible : Adrian Cronauer tente par tous les moyens de la séduire, au point de s'inventer professeur d'anglais et de rencontrer toute sa famille au cours d'un rendez-vous galant « à la vietnamienne ». Mais face à cet amour impossible, Trinh se fait fuyante. Leur différence culturelle et leur position opposée dans la guerre sont des obstacles jugés infranchissables pour les deux personnages : ils décident de rester amis et se font des adieux émouvants à la fin du film. Enfin, arrive le personnage de Tuan, acteur essentiel de l'action et de la trame dramatique. Comme sa sœur Trinh, il apparaît dans onze séquences. Bien qu'il soit d'abord hostile face à l'intérêt de Cronauer pour sa petite sœur, il devient rapidement celui qui lui fait découvrir le Vietnam, qui le réconforte quand les doutes arrivent et qui finit même par lui sauver la vie au cours de la séquence 44. L'apogée dramatique du film est atteinte lorsque Cronauer, et le spectateur par la même occasion, apprennent que Tuan est un espion Viêt-Cong, occupant la place complexe et paradoxal d'ennemi et de meilleur ami.

Ainsi, les civils représentés dans *Good Morning Vietnam* ne sont pas mis en scène dans une simple opposition entre agresseur et victime, ni même dans une séparation marquée entre un *nous* et un *eux*, mais se mêlent au contraire aux différents personnages du film. Le héros, Adrian Cronauer, ne distingue pas ses amis américains de ses amis vietnamiens et les traite de la même façon tout au long du film. C'est parce que ces personnages sont inclus dans l'histoire et ne sont pas réduits à une position de victimes qu'ils possèdent d'ailleurs des personnalités plus marquées et construites que dans les autres films du corpus. Cette diversification de l'autre est notamment visible au travers de la multiplicité de la représentation de leurs émotions à l'écran : joyeux, tristes, coléreux, inquiets, trahis, épris... ils ne se limitent pas aux seules expressions de la peur et du désespoir que les films du Vietnam semblent systématiquement leur attribuer. Ces multiples émotions vont jusqu'à devenir le cœur de la mise en scène de certaines séquences : c'est le cas, par exemple, de celles représentant les cours d'anglais improvisés de Cronauer. Ses blagues provoquent l'euphorie chez les personnages vietnamiens, dont les éclats de rire sont valorisés par des plans individuels, et plus encore, par des plans-visage. Les personnages vietnamiens occupent alors une grande partie du champ visuel et sonore de la séquence, ayant une existence propre. De nombreuses autres séquences, comme celles des repas partagés ou encore du match de baseball, reposent sur de longues interactions entre personnages vietnamiens et personnages américains. Au travers du personnage principal Adrian Cronauer, les uns et les autres occupent constamment une place d'égaux dans le film. L'Autre devient ici un ami et non un opposant.

*Good Morning Vietnam* **(Barry Levinson, 1987), séquence 11**

## Des civils comme instruments de valorisation du soldat américain ?

A l'exception de *Good Morning Vietnam,* qui donne des rôles importants aux personnages vietnamiens, la figure de l'étranger est généralement associée à une mise à l'épreuve permettant de valoriser ou de diaboliser un protagoniste américain. Le Vietnamien est utilisé non pas pour donner une voix à la population et proposer une autre perspective sur la guerre, mais plutôt pour appuyer un discours américain. Le civil, c'est finalement celui qui a deux visages : l'ennemi et la victime. Dans la plupart des films de ce corpus, la frontière demeure très floue entre population vietnamienne et combattants : « Comme ils vivent dans des villages, on les confond. Et c'est pour ça qu'ils tuaient beaucoup de civils, c'est parce que tu avais des soldats qui se cachaient parmi les familles » (Marc). Paradoxalement, l'ennemi Viêt-Cong est celui qui n'a pas l'apparence d'un soldat : souvent très jeunes, vêtus de tuniques noires, ils sont uniquement reconnaissables aux armes qu'ils tiennent à la main. Cette difficile distinction, ajoutée à une haine aveuglante, devient la raison pour laquelle de nombreux personnages américains se montrent violents envers toutes les figures de l'étranger, sans exception. Ainsi, le sergent Meserve appelle leur jeune prisonnière innocente une « Cong », les membres de l'équipage de Willard tire sur des civils jugés suspects sur une jonque tandis que le sergent Barnes exécute des villageois jugés complices de guerre. Cette méfiance constante entraîne inévitablement un processus de déshumanisation des personnages vietnamiens représentés à l'écran : ils sont rarement des personnes, mais toujours de potentiels ennemis. Cette mise en scène permet notamment de différencier les soldats américains entre ceux qui ne savent pas faire la différence entre un combattant dangereux et un innocent, et ceux qui y parviennent. Les premiers provoquent des massacres, quand les seconds s'y opposent. C'est ici qu'intervient le Vietnamien comme instrument de différenciation des personnages américains, et finalement, comme instrument de valorisation du héros du film.

En se penchant sur les séquences mettant en scène des violences faites aux civils, il apparaît que ces derniers sont très rarement montrés de manière isolée. Si c'est le cas, le plan individuel sur un civil est d'emblée contrebalancé par un plan individuel valorisant la réaction du soldat qui assiste à la scène. La souffrance des Vietnamiens n'est ainsi jamais montrée pour elle-même, mais pour faire naître de la compassion chez le « bon » personnage américain, généralement le héros du film. Ces figures de compassion sont exclusivement des femmes et des enfants, utilisés comme symboles de l'innocence, et par opposition, de la culpabilité américaine. Ainsi dans *Full Metal Jacket*, Guignol est le seul soldat à faire preuve de pitié face au sniper ennemi, qui s'avère être une jeune fille vietnamienne : alors que cette dernière agonise à ses pieds et que Brute Epaisse lui intime de la laisser souffrir, la caméra se concentre sur le visage du héros hésitant. Ce plan, qui dure plus d'une minute trente, est le plus long du film et a la particularité de se concentrer uniquement sur la réaction du témoin. Dans *Né un 4 juillet*, les civils massacrés au cours de la séquence 18 sont des personnages féminins. L'apogée de cette représentation culpabilisante est atteinte lorsqu'apparaît à l'écran un bébé en pleurs, au milieu des cadavres des autres membres de sa famille. Cette vision est à la fois difficile à tenir pour le spectateur – raison pour laquelle la caméra semble passer rapidement sur les corps morts et les blessés – mais également pour les témoins directs de la scène : les soldats américains sont valorisés par des plans fixes et plus longs, qui ont pour but de montrer leurs réactions. Tous sans exception sont dévastés par la vision de leur propre action destructrice. Dans les séquences 14 et 11 de *Platoon* et de *Casualties of war*, étudiées précédemment comme mises en scènes de la souffrance vietnamienne, les civils ne sont quasiment jamais montrés de manière individuelle dans les cadrages. Au contraire, les visages des soldats Taylor et Eriksson, héros respectifs de leur film, sont systématiquement montrés à l'écran : l'un comme l'autre se fait témoin impuissant de la violence américaine et se retrouve pris entre l'envie d'intervenir et la peur de tenir tête au groupe. Eriksson se fait ainsi observateur impuissant tout au long du film, jusqu'à ce qu'il décide enfin d'intervenir en tentant de s'échapper avec la jeune prisonnière (séquence 22). Chris Taylor, quant à lui, intervient dès la séquence 14, alors que deux soldats s'apprêtent à violer des femmes vietnamiennes. Dans tous les cas, les figures féminines sont ici utilisées comme des instruments permettant de placer le héros du film dans une position de sauveur :

> Elle [la femme] est juste le moyen de prouver que lui [Chris Taylor] n'est pas un violeur. (…) Mais d'ailleurs, on voit à peine le visage de la fille qui va se faire violer. On la voit à peine, vraiment. Donc ce n'est pas elle le sujet. Elle permet au héros de

s'illustrer, de prendre position, d'affirmer que lui, il n'est pas comme ça. (Sylvestre Meininger, entretien)

| | |
|---|---|
|  |  |
| *Platoon* (Oliver Stone, 1986), séquence 14 : Taylor voit une fillette se faire menacer. | *Full Metal Jacket* (Stanley Kubrick, 1987), séquence 42 : Guignol regarde la jeune femme sniper agoniser. |
|  |  |
| *Né un 4 juillet* (Oliver Stone, 1989), séquence 18 : Ron est témoin de la mort de femmes et d'enfants. | *Casualties of war* (Brian de Palma, 1989), séquence 11 : Eriksson observe, impuissant, le kidnapping d'une innocente. |

# CHAPITRE 9

# L'altérité de genre : un traitement différencié des différentes figures du féminin

L'Autre, dans les films mettant en scène la guerre, c'est finalement la femme. Le milieu militaire – à l'époque du Vietnam – est un espace masculin, duquel la femme est exclue physiquement. Il est intéressant de remarquer qu'elle n'est pourtant pas totalement absente à l'écran : elle est un élément symbolique parfois indispensable à la construction du domaine viril. Epouse, mère, idole, parfois prostituée, elle entre dans des catégories fixes qui la renvoient à un ensemble de caractéristiques associées au féminin : la douceur, l'amour et la protection maternelle mais aussi le désir, la sexualité et l'expression d'une domination virile. Ces caractéristiques varient selon qu'il s'agisse d'une femme américaine ou d'une femme vietnamienne. Et il est possible d'aller plus loin : ces attributs sont tantôt valorisés lorsqu'ils permettent de représenter la femme sous toutes ses formes, tantôt rejetés lorsqu'ils sont associés à un personnage masculin qui fait preuve de tendresse ou de compassion. Etudier les multiples figures de féminité présentes dans les films de ce corpus demande donc de se pencher sur les traitements différenciés du féminin américain, du féminin vietnamien et finalement, du féminin en l'homme.

## La représentation du féminin américain

En fait, le féminin dans ces films, il est absent. Le féminin américain est absent. C'est vrai, il y a les Playmates dans *Apocalypse Now* et puis c'est tout. Il doit y avoir deux-trois infirmières qui traînent. Bon vraiment, ce n'est pas le sujet. C'est quand même fascinant. Parce que c'est des films qui reconstruisent les hommes, mais sans les femmes. (Sylvestre Meininger, entretien)

Le féminin américain, généralement invisible, est relégué au second plan dans les films traitant de la guerre du Vietnam. Comme le souligne l'enquêté Sylvestre Meininger, ces films mettent en scène un masculin dominant et indépendant. Il est pourtant intéressant de remarquer que la femme américaine n'est jamais totalement absente des constructions narratives. Dans les films en plusieurs parties, elle est systématiquement présente auprès des personnages masculins au travers de la figure de la mère, de l'épouse et de la femme désirée. Dans *Voyage au bout de l'enfer*, qui accorde plus de deux heures de film à la représentation des États-Unis, trois personnages sont au cœur des représentations du féminin : la mère de Steve, uniquement montrée en train de pleurer, apparaît comme une femme dévastée par le départ de son fils, tandis qu'Angela et Linda sont respectivement épouse et fiancée. Dans *Né un 4 juillet*, le même schéma se reproduit : Donna est l'amour de jeunesse de Ron tandis que Madame Kovic est la figure maternelle, autoritaire mais aimante. Enfin, dans *Birdy*, la femme aimée fait défaut, au contraire des personnages de la mère et de la femme désirée : Al enchaîne les conquêtes sexuelles tandis que Birdy ne découvre une réelle passion qu'avec son oiselle nommée Perta. Entre représentation du désir et de l'amour, le féminin américain est généralement mis en scène de manière valorisante.

Même à distance, les femmes apparaissent dans des discours et des objets : les films ne contenant aucune séquence tournée aux États-Unis introduisent tout de même de nombreuses références au féminin américain, qui permettent généralement d'évoquer un avant et un après-guerre. Ces figures féminines sont principalement celles de la mère et de la femme. Ainsi, dans *Platoon*, l'amante est représentée par le biais d'une photographie chérie par le soldat Gardner (séquence 5), tandis qu'elle se fait entendre dans la bande-son du film *Hamburger Hill* lorsque le soldat Beletsky lance l'enregistrement audio de sa fiancée (séquence 32). Dans le premier cas comme dans l'autre, ce personnage éloigné est un soutien psychologique pour le soldat isolé au Vietnam, ainsi qu'une marque du sentiment amoureux. C'est également l'amour maternel qui se fait très présent, par exemple au travers de la cassette que reçoit le jeune Clean dans *Apocalypse Now* (séquence 24) ou les lettres qu'échange Chris avec sa grand-mère dans *Platoon*. Mais la femme américaine peut aussi devenir un féminin fantasmé et désiré, comme c'est le cas dans les films *Apocalypse Now* et *Hambuger Hill* : les soldats partagent des posters de mannequins et célébrités qui leur permettent d'assouvir un désir à distance. Elle est enfin le sujet des conversations entre soldats, qui font généralement référence à leur famille à l'arrière, ou encore aux femmes qu'ils prévoient de séduire à leur retour : tous les films, à l'exception de *Birdy* et *Good Morning Vietnam*, mettent en scène des discours sur des femmes restées au pays. Ainsi, les correspondances avec l'arrière et les références aux États-Unis sont toujours liées à une figure féminine, tandis que le Vietnam reste un milieu masculin, associé à la fraternité combattante. La femme américaine, c'est la douceur du retour, voire plus, le symbole de la mère-patrie[61].

Un seul film se distingue au sein du corpus en ce qu'il introduit le féminin américain directement au Vietnam. Dans *Apocalypse Now*, les playmates font un show exceptionnel pour le plus grand plaisir de la foule de soldats (séquence 14), puis deviennent des cadeaux personnalisés pour les compagnons du capitaine Willard (séquence 19). Elles sont généralement

---

[61] Il est intéressant de noter que dans le film *Hamburger Hill* par exemple, la nation américaine est toujours assimilée à des figures féminines. Lorsque l'opinion publique se retourne contre les soldats, ce sont des femmes qui sont citées par les combattants. Ainsi, l'un des personnages reçoit une lettre de sa compagne lui annonçant qu'elle ne veut plus aucun contact avec lui du fait des horreurs perpétrées au Vietnam, tandis qu'un autre raconte que le jour de sa permission aux États-Unis, il a été reçu par deux jolies filles lui tendant une boîte d'excréments en guise de bienvenue. De même, quand les soldats évoquent les manifestants anti-guerre, c'est toujours en utilisant l'image des femmes américaines tombant sous le charme d'hippies aux cheveux longs.

représentées au travers de leur corps uniquement : pendant le spectacle, les cadrages isolent des parties sexualisées de leur corps comme les fesses et les jambes nues, tandis que dans les moments privés, leur corps est dénudé et touché par les protagonistes. Alors qu'elles se confient à Chef et Lance sur la maltraitance qu'elles ont subi au cours de leur expérience de playmates, les deux hommes reproduisent exactement ce qu'elles décrivent : « ils te font faire des trucs que tu ne veux pas faire », « ils n'entendent rien de ce qu'on veut leur dire ». Ces propos correspondent ironiquement à la scène qui se déroule à l'écran : Chef et Lance les dénudent et n'écoutent pas un mot de leur histoire, cherchant seulement un accès à leur corps. Dès lors qu'il est déplacé au Vietnam, dans un milieu d'hommes, le féminin américain n'est plus du tout valorisé, mais au contraire réduit au statut de corps-objet. Il s'approche en ce sens du traitement qui est fait du féminin vietnamien dans les films du corpus.

*Apocalypse Now* **(Francis Ford Coppola, 1979), séquence 15**

La mise en scène visuelle des playmates, corps sans tête devant une foule de soldats américains.

## La représentation du féminin vietnamien

La femme vietnamienne est représentée de manière beaucoup plus limitée que la femme américaine, voire de manière parfaitement opposée. L'Américaine est généralement valorisée dans les scénarios, sous les traits de la mère, de la femme ou de la séductrice, alors que la Vietnamienne oscille entre la position d'objet sexuel et celle de victime dans la plupart des films. D'un côté, c'est la « bonne » femme, douce et aimante ; de l'autre, la femme-ennemie, la femme jugée « sale ». Dans *Hamburger Hill*, la Vietnamienne, facile et légère, est associée dans les discours aux maladies sexuellement transmissibles. C'est d'ailleurs la figure de la prostituée qui est mise en avant dans cinq films sur neuf. Elle fait ainsi son apparition dans deux séquences de *Full Metal Jacket*, s'exprimant en anglais uniquement pour annoncer un tarif et proposer un service aux soldats américains. Ce service sexuel, récurrent dans les trames narratives, peut être vu comme un rapport de domination entre le masculin et le féminin, mais également entre l'Américain et le Vietnamien. La femme étrangère est visuellement représentée au travers de vêtements courts et de cadrages rapprochés. Elle est de plus très rarement isolée dans les plans : la prostituée est toujours accompagnée d'un personnage masculin directement présent à l'écran ou symbolisé par une main sur une cuisse, un bras autour d'une taille. Cette représentation sexualisée de la femme n'est d'ailleurs pas l'apanage des professionnelles du sexe, mais est également utilisée pour mettre en scène de jeunes civiles prises pour cibles par des soldats. L'homme américain s'approprie le corps de la femme vietnamienne, consentante ou non.

    L'exemple le plus pertinent est celui de la mise en scène du kidnapping de *Casualties of war* comme une chasse nocturne (séquence 11). La bande-image permet au spectateur d'accéder au point de vue des soldats qui s'introduisent dans un village endormi à la recherche d'une jeune femme à enlever. La caméra suit ainsi les mouvements des armes américaines, qui pointent une lumière rouge sur les Vietnamiens endormis qu'ils croisent : sur une musique inquiétante, les prédateurs s'approchent progressivement de leur proie. C'est dans la dernière habitation du village qu'ils découvrent deux jeunes sœurs endormies et qu'ils jettent leur dévolu sur celle de droite : l'usage de cadrages en plongée et contre-plongée lors du choix de la victime met en exergue un rapport de force inégal entre les deux soldats et les deux filles vulnérables. La mise en scène repose également sur le caractère sexualisé et objetisé de la femme, qui est ici choisie pour son physique. C'est « la plus mignonne » que les soldats enlèvent afin de satisfaire un « besoin » masculin. Déshumanisée, la femme est ici associée à un objet sexuel.

Le féminin vietnamien, ainsi réduit à une fonction sexuelle, est également celui qui est sans cesse ramené à la figure de la femme-nature : l'étrangère est la femme inférieure, sauvage voire hostile, dont la forme primitive se manifeste au travers d'une représentation de la nature elle-même. Cette vision de la métaphore d'un féminin « terrifiant » est notamment développée par Sylvestre Meininger, docteur en études cinématographiques, lors de notre entretien : pour lui, si la femme est quasi absente dans sa forme charnelle et humaine, elle est au contraire symboliquement omniprésente dans les représentations visuelles du Vietnam.

> Le féminin, il est extrêmement présent dans tous les films dont vous parlez, mais dans son incarnation monstrueuse de la jungle. Je ne vais pas vous faire de dessin : la jungle, c'est l'endroit sombre, humide, où on ne voit rien, où on est mutilé, où l'ennemi se cache, où il y a des pièges ... Donc voilà, il y a un inconscient dans ces films et une peur du féminin qui est énorme. (Sylvestre Meininger, entretien)

Il propose d'observer les films de notre corpus par le biais de la « répression » du féminin comme ennemi de l'homme. Comme le montre ce passage, c'est d'abord la jungle qui se fait milieu hostile et moite, dans lequel les soldats doivent survivre et combattre les éléments naturels. Mais c'est aussi l'ennemi lui-même qui prend des airs féminins : décrits comme « plus menus » puis caractérisés par la présence de « combattantes » dans leurs rangs (Sylvestre Meininger, entretien), les combattants Viêt-Cong peuvent également être étudiés comme figures féminisées dans les films représentant la guerre au Vietnam. En se penchant sur les représentations des civils vietnamiens dans ces films, ce sont en effet les femmes qui apparaissent comme les premières victimes de la guerre : prises pour cibles, elles semblent devenir le véritable ennemi à abattre, quand au contraire les soldats ennemis sont toujours dissimulés derrière des arbres et des herbes hautes. Cette femme-ennemie va jusqu'à gagner un visage dans le film *Full Metal Jacket*, lorsque les soldats américains découvrent la véritable identité du sniper cruel qui a décimé la moitié de leur unité : une jeune adolescente vietnamienne.

La femme, selon qu'elle soit américaine ou vietnamienne, n'est ainsi pas traitée de la même façon dans les films du corpus : l'une est valorisée mais maintenue à distance comme référence au pays, tandis que l'autre se fait omniprésente, sous les traits de la victime ou de l'ennemie. Si l'on observe les différents types de personnages féminins présents à l'écran, les catégories varient selon leur nationalité : d'un côté la femme dans son rôle de soutien et de soin ; de l'autre, la femme comme objet (objet sexuel, objet de violence voire objet de décor).

**Tableaux 2 et 3 : synthèse des figures de représentations du féminin américain et du féminin vietnamien dans les films du corpus**

|  | Le féminin américain | | | |
|---|---|---|---|---|
|  | Représentation distante ou directe[62] | Membre de la famille (mère, épouse) | Femme sexualisée | Infirmière |
| A1 | Directe | x |  | x |
| A2 | Directe | x | x |  |
| A3 | Directe | x | x | x |
| A4 | Distante | x |  |  |
| A5 | Distante |  | x |  |
| A6 | Distante | x | x |  |
| A7 | Abs |  |  |  |
| A8 | Directe | x | x (Mexicaines) | x |
| A9 | Distante | x |  |  |

---

[62] Femmes représentées directement à l'écran (présence physique) ou représentées à distance au travers d'objets ou de discours (présence symbolique)

| | | Le féminin vietnamien | | | |
|---|---|---|---|---|---|
| | Prostituée | Femme tuée | Femme violée | Femme aimée | Elément de décor |
| A1 | x | | | | |
| A2 | | x | | | x |
| A3 | | | | | |
| A4 | | x | x | | x |
| A5 | x | x | | | |
| A6 | x | | | | x |
| A7 | x | | | x | |
| A8 | | x | | | x |
| A9 | x | x | x | | x |

| | | |
|---|---|---|
| **A1** : Voyage au bout de l'enfer (Michael Cimino, 1978) | **A4** : Platoon (Oliver Stone, 1986) | **A7** : Good Morning Vietnam (Barry Levinson, 1987) |
| **A2** : Apocalypse Now (Francis Ford Coppola, 1979) | **A5** : Full Metal Jacket (Stanley Kubrick, 1987) | **A8** : Né un 4 juillet (Oliver Stone, 1989) |
| **A3** : Birdy (Alan Parker, 1984) | **A6** : Hamburger Hill (John Irvin, 1987) | **A9** : Casualties of war (Brian de Palma, 1989) |

## La représentation du féminin en l'homme : entre répression et appropriation

Dans les constructions narratives des films étudiés, le féminin est d'emblée présenté par opposition au masculin : l'un exclut l'autre. C'est ce qui est du moins mis en avant dans les films mettant en scène la construction de la virilité guerrière. Le soldat, c'est l'homme viril, fort ou comme dirait le sergent Barnes, celui qui a des « couilles », soit qui fait preuve de courage. L'usage d'une telle expression genrée pour rendre compte d'une caractéristique combattante met en lumière l'existence de qualités dites masculines – courage, force, ambition, fraternité, etc. – s'opposant à des attributs dits féminins et généralement dévalorisés dans les films de guerre : la faiblesse, la lâcheté, la peur, la fragilité, la sensibilité… La représentation émotionnelle des personnages diffère donc selon qu'il s'agisse d'un homme ou d'une femme. Au sein du groupe de soldat, tout individu qui se rapproche trop des caractéristiques féminines citées ci-dessus est d'emblée moqué et mis à l'écart. C'est le cas de Martin, personnage secondaire du film *Platoon* : dans la séquence 24, après un combat difficile, il décide de s'auto-mutiler les pieds dans l'espoir d'être rapatrié. Découvert par le chef de groupe Barnes, il se voit traité de « lâche » et de « poule mouillée » par le reste du groupe. Les insultes féminisantes et homophobes – l'homosexuel étant assimilé par les personnages à un homme-femme – sont monnaie courante dans les scripts des films étudiés. Chris Taylor devient dès la séquence 2 de *Platoon* « une loque », « une couille molle » et un « puceau » ; dernière appellation que reçoit également le personnage principal de *Casualties of war*. Les jeunes recrues du sergent-instructeur Hartman sont quant à elles des « louloutes » voire des « pd », qui doivent prouver à leur supérieur qu'ils en ont « une paire » s'ils souhaitent obtenir le statut valorisant de soldat. Le point commun entre la plupart de ces insultes, lancées au cours des séquences d'entraînement mais aussi dans les moments de détente et de rigolades entre soldats, se retrouve dans la référence sexuelle. C'est par la puissance sexuelle que l'homme viril se distingue de la femme ou de l'homosexuel et assure notamment sa domination masculine. Lorsqu'Eriksson refuse de violer la jeune Vietnamienne à la séquence 17 de *Casualties of war*, Meserve en conclut qu'il n'est pas hétérosexuel, et par conséquent, qu'il n'est pas un homme. La femme devient ainsi un référent essentiel dans la mise en scène des personnages masculins. Seulement, c'est dans sa répression, et non dans son acceptation, qu'elle prend part à la construction des figures de virilités combattantes. Dans son analyse de trois films du cinéma du Vietnam, parmi lesquels apparaît *Platoon,* Susan Jeffords va jusqu'à associer ces discours cinématographiques à une double thématique : celles de la répression de la reproduction et de son appropriation masculine. Elle développe ainsi la thèse d'une « reproduction par les pères », au travers de la mise en place de figures de paternité uniquement, à l'image des sergents Barnes et Elias dans *Platoon* (Jeffords, 1990). Le féminin est exclu et réapproprié pour permettre un rétablissement de l'image virile des Etats-Unis.

## Zoom sur séquences : l'arme et le sexe masculin, attributs de virilité

***Full Metal Jacket*** 
**(Stanley Kubrick, 1987), séquence 6**

Au cours d'un parcours initiatique, les jeunes recrues entonnent un chant militaire, « ça c'est mon flingue et ça c'est mon dard », derrière le sergent-instructeur Hartman. La gestuelle qui est mise en scène représente le processus de virilisation du soldat, qui est ici symbolisé au travers d'une métaphore sexuelle : ils tiennent dans une main leur arme, symbole de force combattante, et posent l'autre sur leur sexe, représentation de la sexualité masculine.

***Casualties of war***
**(Brian de Palma, 1989), séquence 17**

Le sergent Meserve s'apprête à violer leur prisonnière. Il en profite pour faire un cours de virilité au soldat Eriksson. Il montre d'abord son fusil : « L'armée appelle ça une arme mais c'est faux » ; puis, il attrape son sexe : « ça, c'est une arme ». Il mélange ensuite les fonctions des deux référents : selon lui, le sexe masculin sert à « se battre » tandis que l'arme, « c'est pour le plaisir ». L'homme viril se définit dans son discours au travers de sa puissance sexuelle et de son pouvoir de domination sur la femme.

Il est important de noter que ces discours sur la virilité combattante, construite en opposition à une féminité ou une masculinité jugée impuissante, sont systématiquement portés par des personnages négatifs. Le héros de l'histoire se développe quant à lui en opposition avec ces représentants d'une masculinité violente et destructrice. Le personnage principal est par conséquent la « couille molle » ou « le pd » de l'histoire, car il fait preuve d'une qualité qui est généralement associée aux figures de féminité : la sensibilité. C'est par exemple la compassion, qui a été abordée précédemment, qui est mise en scène chez les héros masculins. Les personnages peuvent ainsi être différenciés au travers de leur rapport au féminin : d'un côté, il y a ceux qui répriment toute caractéristique féminine chez eux et chez l'autre, et ceux qui parviennent à allier virilité et sensibilité. C'est justement cette position intermédiaire qui permet à ces derniers de maintenir leur position de héros. Selon l'expert Sylvestre Meininger, c'est « parce que ce sont des films dans lesquels il n'y a pas de femmes, que le héros doit s'approprier des qualités féminines » (Sylvestre Meininger, entretien). Le paradoxe est ici que les figures féminines sont à la fois essentielles à la construction narrative de ces films et pourtant visuellement réprimée et dissimulée, au profit de la représentation d'un masculin affranchi et autonome.

# PARTIE IV

# ÉMOTIONS ET DISCOURS CRITIQUES : DES MISES EN SCÈNE DE L'HOMME EN GUERRE

# CHAPITRE 10

# La disparition du Vietnam au profit de l'homme en guerre

Les représentations instrumentalisées des civils vietnamiens ou encore la disparition visuelle de l'ennemi Viêt-Cong témoignent de l'effacement du Vietnam et du conflit en lui-même, qui passent en second plan dans les productions hollywoodiennes. La perception des enquêtés sur la place de la guerre dans les scénarios proposés rend compte d'une quasi-unanimité : ces films ne parlent pas du Vietnam, mais d'une petite poignée d'hommes vivant le Vietnam. Ce cinéma particulier montrerait moins les enjeux militaires, les grands affrontements de l'histoire que des individus introduits dans un milieu hostile et confrontés à des épreuves émotionnelles très fortes. Dans ces réalisations, le conflit se fait davantage psychologique et moral, que politique et stratégique.

## La place du Vietnam dans les scénarios

Tous les films du corpus situent une partie de leur action au Vietnam. La localisation et la temporalité des histoires mettent toujours en évidence, d'une façon ou d'une autre, l'inscription des scénarios dans la thématique de la guerre du Vietnam. Mais est-il vraiment le sujet de ces films ?

L'analyse des entretiens met en lumière une tendance à décrire ces productions comme des discours généraux sur la guerre et non sur le Vietnam de manière spécifique. Ainsi, Yann donne son interprétation du film *Full Metal Jacket*, qu'il a du mal à considérer comme une production engagée sur la question du Vietnam : « Que ce soit le Vietnam ou une autre guerre, j'ai pas l'impression que ce soit si important que ça dans le film. (…) C'est un film sur la guerre, mais pour moi, c'est pas un film sur le Vietnam ». Il met en avant le fait que le terme « Vietnam » ne revient finalement quasi jamais dans les répliques et qu'un certain flou est maintenu dans la première partie du film : la préparation des soldats viserait à la préparer à affronter un ennemi, mais ce dernier n'est jamais explicitement nommé, tout comme la destination des personnages dans la seconde partie du film. Marc décrit quant à lui le scénario de *Birdy,* le film qu'il a sélectionné pour analyse, comme l'histoire d'une amitié entrecoupée par l'expérience de la guerre. Le Vietnam en lui-même ne revient jamais dans ses propos, au point qu'il ne considère pas que le film soit porteur d'un message particulier sur cette guerre, mais plutôt sur les conséquences générales d'un conflit : « Le message c'est : les horreurs de la guerre peuvent faire disjoncter quelqu'un et le rendre complètement aliéné ». L'horreur, la folie, la souffrance psychologique sont des termes qui reviennent de manière récurrente dans les réponses des enquêtés lorsqu'ils sont interrogés sur le potentiel engagement du film choisi. Dans son entretien, Marion considère *Apocalypse Now* comme un « film sur la folie générale de la guerre », qui pourrait donc s'appliquer à d'autres conflits de l'histoire : « ça s'applique à la guerre du Vietnam parce que c'est la situation, mais je pense que c'est un film qui délivre un message plus global et qui essaie de dénoncer les horreurs et les folies de la guerre ». Vincent, qui parle lui aussi du film *Apocalypse Now* dans son analyse du corpus, va plus loin : « Dans *Apocalypse Now*, moi je n'y ai pas vu la marque du Vietnam ». Il compare le scénario à un autre film de son répertoire, *L'homme qui voulut être roi* de John Huston (1975) :

> Sean Connery est pris pour un demi-dieu, il devient le roi du village et il pète complètement les plombs, à ne plus vouloir repartir et à vouloir régner sans partage sur la zone. Et moi j'ai retrouvé dans cette espèce de folie démentielle, le personnage de Marlon Brandon dans *Apocalypse Now*. Alors, la toile de fond,

c'est la guerre au Vietnam et c'est certainement le facteur déclencheur de sa folie, mais je trouve que c'est plus un film sur l'incapacité du cerveau humain à encaisser un certain nombre d'informations et d'actions dans un parcours de temps assez court. A mon sens, on voit cette personne, comme dans l'autre film, passer de l'état d'être humain à quelque chose d'un peu christique. (Vincent, entretien)

Lorsqu'il parle ensuite de *Good Morning Vietnam*, paradoxalement le seul film de notre corpus qui accorde une place importante aux Vietnamiens, il le décrit comme un discours sur la façon de gérer une armée : « Pour moi, ce n'est même pas un vrai film sur le Vietnam ». Il pourrait, selon lui, être transposé à d'autres conflits américains. Car le véritable sujet de ces films serait finalement la « nation américaine » :

> Parfois, on a des films de guerre qui sont faits après la guerre mais qui parlent relativement peu de la guerre. Je pense par exemple à *Deer Hunter*[63] : ça parle très peu de la guerre du Vietnam, ça parle de la nation américaine.

> Ils [les films du corpus] sont avant tout des films sur la nation en guerre, sur soi en guerre, et avec une très grosse fracture sur le *nous* : qui est le *nous* en guerre ?

(Agnès Devictor, entretien)

Ces discours trouvent des échos dans les analyses de films : la plupart des productions étudiées mettent en scène des évènements précis, parfois secondaires au Vietnam, sans jamais prendre pour objet-même le conflit militaire. Il est intéressant de noter que certains scénarios, à l'origine, ne visaient pas la guerre du Vietnam. C'est le cas par exemple du film *Birdy*, adaptation du roman de William Wharton, vétéran de la Seconde Guerre mondiale : s'il s'inspire grandement de son expérience personnelle de blessé de guerre, ce sont les Ardennes et non la jungle vietnamienne qui font partie de son imaginaire littéraire. De même, le film *Voyage au bout de l'enfer*, pourtant considéré comme œuvre culte sur la guerre du Vietnam par les enquêtés, est issu d'une fusion entre deux

---

[63] Titre original du film *Voyage au bout de l'Enfer*, réalisé par Michael Cimino (1978).

projets de films : l'un sur des Américains jouant à la roulette russe à Las Vegas[64] et l'autre, porté par Michael Cimino, sur l'expérience du conflit vietnamien. Les célèbres scènes de roulette russe, ancrées dans les mémoires des enquêtés, qui parfois les assimilent à des réalités historiques[65], sont finalement transportées de Las Vegas à Saïgon. A l'opposé, certains films s'inscrivent pleinement dans un projet de représenter le Vietnam tel qu'il a été vécu par les soldats américains. Oliver Stone réalise ainsi une trilogie complète sur l'expérience de cette guerre ; Brian de Palma et John Irvin, réalisateurs de *Casualties of war* et *Hamburger Hill*, souhaitent quant à eux porter à l'écran deux évènements controversés de l'histoire américaine au Vietnam, tandis que Francis Ford Coppola décrit ainsi son film lors de sa projection au Festival de Cannes le 19 mai 1979 : « Ce n'est pas un film sur le Vietnam, c'est le Vietnam ». La plupart de ces films n'auraient ainsi pas vu le jour sans le conflit vietnamien ; tous auraient été, du moins, très différents. Il est en ce sens intéressant de soulever un paradoxe dans les discours des enquêtés : tous univoques sur la particularité de ce cinéma et de ses thématiques, ils le décrivent pourtant comme un courant qui ne parle pas vraiment du Vietnam. Sylvestre Meininger rejoint en partie les avis des cinéphiles, en ce qu'il voit lui aussi le Vietnam et les Vietnamiens comme un décor permettant de mettre en scène des personnages et des problèmes en tout point américains. Sans aller jusqu'à dire que ces films pourraient parler d'autres guerres, il explique qu'ils sont un moyen de parler d'autre chose, à une époque où les États-Unis connaissent une profonde crise sociale : ces sont des réponses à des problèmes tels que « le rejet de la jeune génération par la vieille génération, les droits civiques qui remettent en question le pouvoir de l'homme

---

[64] Le script d'origine, intitulé « The man who came to play », est racheté par la société EMI Films, dirigée par Barry Spikings et Michael Deeley. Insatisfait par les lacunes du scénario, les producteurs font appel à Michael Cimino, avec l'objectif de développer davantage les personnages principaux. Pour gagner en profondeur, le film devient finalement une histoire sur la guerre du Vietnam.
[65] Au cours de son entretien, Yann partage son étonnement de découvrir les pratiques de roulette russe au Vietnam : ces scènes, considérées comme spectaculaires et très « bien faites » par cet enquêté, s'inscrivent comme référence au cinéma du Vietnam dans la majorité des entretiens.

blanc, le droit des femmes, l'accès à l'avortement, le fait que les Américains se sont comportés comme des barbares au Vietnam et qu'en plus, ils ont perdu » (Sylvestre Meininger, entretien). Ces différentes lectures de notre corpus mettent en lumière deux de ses caractéristiques essentielles. D'une part, ces films ne donnent aucune visibilité aux enjeux stratégiques et politiques du Vietnam, valorisant plutôt des évènements particuliers et des expériences personnelles. D'autre part, ces films particulièrement psychologiques, aux questionnements parfois moraux et éthiques, amènent des réflexions sur la condition humaine qui débordent du cadre du Vietnam et qui montent finalement en généralité.

## Des représentations individualisées ?

Il ressort en effet des entretiens que ces films sont davantage centrés sur l'homme en guerre, que sur la guerre en tant que telle : le Vietnam est le cadre dans lequel évoluent des personnages américains. En conséquence, un voire deux héros émergent généralement dans les trames dramatiques. Marion, Léa et Marc décrivent ainsi les films du corpus au travers de leur mise en scène d'un nombre très restreint de personnages principaux : « c'est quand même beaucoup plus, vraiment autour d'un personnage, où l'on voit ses difficultés » (Léa), « ça va toujours être des films qui sont centrés autour de quelques personnages et ce sont des films (…) beaucoup plus proches des personnages qui sont là-bas » (Marion), « les films en général tournent autour d'un ou deux personnages » (Marc). Ainsi, Ron Kovic est l'unique personnage principal de *Né un 4 juillet* ; les deux meilleurs amis, Al et Birdy, occupent toutes les séquences du film du même nom ; Mike émerge comme héros de *Voyage au bout de l'enfer*, néanmoins accompagné régulièrement de ses deux meilleurs amis Nick et Steve ; le soldat Eriksson est celui qui guide la caméra dans *Casualties of war* quand enfin *Good Morning Vietnam* revient sur l'histoire particulière du disc-jockey Adrian Cronauer. Certains films, comme *Platoon*, *Apocalypse Now* et *Full Metal Jacket* mettent davantage en avant le groupe de soldat, d'où émergent néanmoins des héros clairement identifiés. *Hamburger Hill* constitue une exception :

film axé sur le collectif, il met en scène une section entière, avec très peu de distinctions entre les différents personnages.

La plupart des films de ce corpus rendent ainsi compte de parcours individuels, qui se veulent parfois des témoignages du Vietnam tel qu'il a été vécu. Oliver Stone, vétéran de guerre, met au pas ses acteurs lors du tournage de *Platoon* afin qu'ils se mettent dans la peau des soldats américains de l'époque. Toujours soucieux de produire des films réalistes, il se lance le défi dans une seconde production d'adapter à l'écran la biographie du militant anti-guerre Ron Kovic. Ce dernier se rend sur les lieux du tournage et participe à la mise en scène de sa propre vie, apportant des indications primordiales à la reconstitution réaliste de son histoire personnelle. Les réalisateurs, s'ils n'ont pour la plupart pas servi au Vietnam, s'entourent néanmoins de scénaristes l'ayant vécu : c'est par exemple le cas de James Carabatsos qui participe à l'écriture de *Hamburger Hill*, ou encore de Gustav Hasford et Michael Herr dont les écrits et les participations directes sont essentielles à la création de *Full Metal Jacket*. Ce sont ici les voix de vétérans et autres témoins de la guerre qui sont mises en avant dans l'écriture des scénarios.

Á l'écran, ces voix sont appropriées et incarnées par les personnages principaux au travers de l'usage de la narration. Cette dernière permet d'incarner des évènements et de donner un point de vue personnalisé sur la guerre : le spectateur découvre le Vietnam au travers d'un homme et de ses pensées. Ainsi, dans *Platoon*, Chris Taylor raconte son histoire en écrivant des lettres à sa grand-mère. Il y couche ses doutes et ses réflexions de manière ordonnée et réfléchie : ce ne sont pas des pensées crues, spontanées, mais des mots écrits sur le papier. La narration dans *Platoon* est à la fois la description de l'action et une confession pour Taylor, qui partage ses peurs et ses peines à un proche parent. C'est cependant dans le film *Apocalypse Now* que la narration devient un élément central permettant d'accéder à la psychologie du capitaine Willard, stoïque et mystérieux à l'écran : 22 des 47 séquences du film contiennent des passages de narration. Cette dernière n'est pas une simple illustration de l'action, menée à l'écran, mais plutôt un moyen à part entière de raconter l'histoire du personnage principal, au même titre que les images qui défilent à l'écran. Cette histoire, c'est tout autant celle de Willard que du colonel Kurtz. Le scénario se centre ainsi sur deux personnages précis et identifiés, et non sur des évènements : Willard narre leur histoire à la façon d'un romancier, en s'attardant de manière précise sur ses émotions et ses pensées.

> Une part de moi avait peur de ce que j'allais découvrir et de ce que j'allais faire une fois là-bas. Je connaissais les risques, ou m'imaginais les connaître. Mais j'éprouvais plus que tout, plus fort encore que la peur, le désir de le voir en face. (*Apocalypse Now*, séquence 33, narration de Willard avant sa rencontre avec Kurtz)

L'intériorité des personnages est mise en scène dans les films de mon corpus, qui décident d'ailleurs de ne pas tous passer par l'usage de la narration. Si *Né un 4 juillet* s'ouvre sur la voix adulte de Ron Kovic qui évoque ses souvenirs d'enfance dans la forêt de Massapequa, la narration disparaît dans la suite du film. C'est pourtant par la suite que la psychologie du personnage et ses démons intérieurs sont le plus développés : symbolisées par des reflets dans des verres brisés ou dans des cadres-photos du passé, par des gros plans sur le visage torturé du personnage, ou encore par des dialogues intimes avec son père voire avec Dieu, les pensées du personnage sont au cœur des représentations. La différence avec des films comme *Platoon* ou *Apocalypse Now* réside dans le fait que le réalisateur préfère laisser le spectateur les interpréter, plutôt que de les formuler clairement avec des mots.

Le film *Birdy* représente également un bon exemple de cette mise en scène de l'intériorité d'un personnage. Issu d'un roman dont l'action se situe entièrement dans la tête du protagoniste, ce film passe par des flash-backs pour reconstituer cette histoire sur grand écran. Très « psychologique » (Marc), il mêle régulièrement des images de la vie extérieure avec celles que s'imaginent Birdy dans sa tête, créant des séquences entre rêve et réalité. Le film s'ouvre ainsi sur des échos, désordonnés, fugaces, renvoyant à plusieurs moments de la vie du protagoniste : des voix d'enfants moqueurs se mélangent à celles des proches de Birdy dans sa tête. Le spectateur entre dans le film au travers du point de vue du personnage principal, sur qui la caméra se pose en dernier. Recroquevillé dans un coin de la pièce, dans une position étrange, il fixe la fenêtre. Tout le film repose ainsi sur une métaphore animale, dans laquelle Birdy se compare sans cesse à des oiseaux et rêve de s'envoler : il s'enferme progressivement dans son monde, au point de devenir ce qu'il rêvait d'être, un volatile, au retour de la guerre. La séquence 51 met en scène la métamorphose de Birdy. De très gros plans valorisent son visage alors qu'il gît, nu, dans la cage de ses oiseaux. Puis, la caméra s'envole par la fenêtre, à l'image de l'esprit du personnage. Une narration débute, rapportant les pensées de Birdy : « Maintenant, ma vie rêvée me semble aussi réelle que ma vie éveillée. Je ne sais pas où commence l'une, où finit l'autre ». Pensées et monde réel sont ainsi constamment mêlés dans le film, dont les espaces et les mises en scène vont jusqu'à représenter l'univers psychologique de Birdy[66].

---

[66] Le décor principal du film est la cellule de Birdy. Enfermé dans un espace clos, résonnant, muni d'une unique ouverture sur le ciel, le personnage passe ses journées à regarder l'extérieur, à tel point que la fenêtre devient un véritable personnage dans les cadrages du film. L'espace physique peut ici être mis en parallèle avec l'espace psychologique du personnage : enfermé dans son esprit, symbolisé par la cellule, il passe ses journées à fuir le monde réel. Lorsque le personnage sort enfin de son enfermement psychologique, il s'échappe de l'hôpital par les toits et se retrouve pour la première fois de l'autre côté de la fenêtre.

## Zoom sur images : la mise en scène du souvenir

*Apocalypse Now*
**(Francis Ford Coppola, 1979), séquence 1**

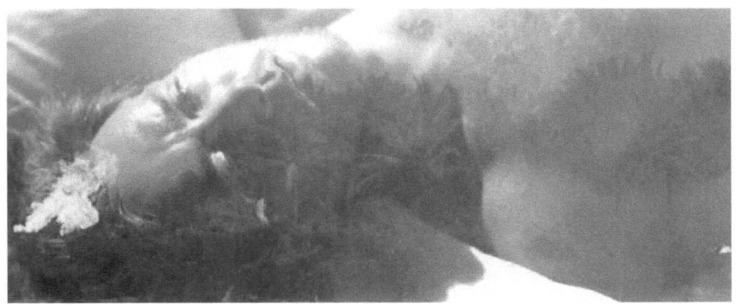

Deux scènes sont entremêlées, l'une en plein cœur de la jungle enflammée, l'autre dans la chambre d'hôtel du capitaine Willard. Son visage est parfaitement intégré au paysage de guerre. Au-dessus de sa tête, le bruit du ventilateur fait écho à celui des hélicoptères américains. Il ne s'agit pas de deux actions distinctes, mais bien d'une seule et même situation : les souvenirs de Willard.

*Casualties of war*
**(Brian de Palma, 1989), séquence 1**

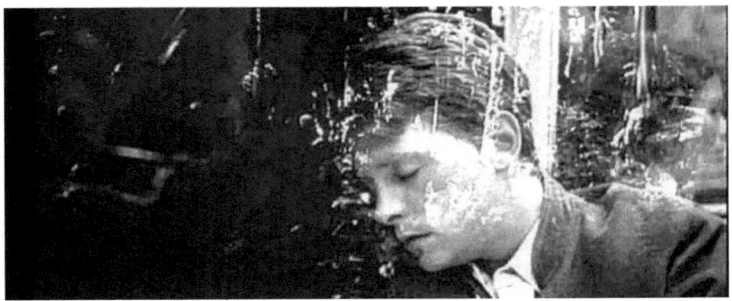

La séquence met en avant un sujet (Eriksson) et un élément déclencheur du souvenir (une femme d'origine vietnamienne). Sans passer par les mots, la bande-image met en scène les pensées du personnage (regard fixe et alerte, puis tête contre la vitre et yeux clos). Le fondu final permet de comprendre la situation : la superposition du visage Eriksson avec la jungle vietnamienne marque le point de départ du souvenir. L'histoire peut commencer.

## Des expériences psychologiques du Vietnam

Ces mises en scène participent finalement à une psychologisation de la guerre : la plupart des films de ce corpus représentent moins le Vietnam que les expériences psychologiques des hommes qui le vivent. C'est en ce sens qu'ils sont généralement associés par les enquêtés à des films « plus humains » (Marion), « centrés sur les émotions » (Léa), voire « plus psychologiques » (Marc). Le cinéma est ici une sorte de lieu d'expérimentation de la conscience et de la sensibilité humaines. C'est l'homme ordinaire, l'homme lambda, qui est introduit dans un contexte extrême de guerre et qui est ensuite observé dans son parcours, parfois ses dérives. Léa parle ainsi de « personnes normales qui se trouvent dans un contexte très exceptionnel » tandis que Marc met en avant un « monsieur tout le monde » qui est poussé dans ses retranchements : « on voit souvent effectivement des personnes qui ont eu une épreuve telle qu'ils ont été transformés ». Comme l'a mis en lumière l'étude des trajectoires émotionnelles des personnages, ces films se constituent en parcours initiatiques de l'homme qui traverse la guerre : il part d'un point A – l'avant-guerre ou l'arrivée au Vietnam – pour arriver à un point B – la fin de l'épreuve ou l'après-guerre. Il n'est en ce sens pas étonnant de voir apparaître des discours récurrents sur l'expérience traumatique de la guerre, la folie ou encore la recherche du juste et du bon dans un milieu où la morale ne connait plus les mêmes limites (par exemple, l'extension du droit à tuer).

Chacun de ces films met en scène des cheminements psychologiques particuliers. Par exemple, Ron Kovic prend conscience de l'injustice de son engagement au Vietnam mais également de ses limites psychologiques face à l'expérience de la guerre, tandis que Chris Taylor comprend progressivement que se battre contre un ennemi signifie également se battre contre soi-même. Les questionnements sur le bien et le mal sont au cœur de la plupart des scénarios. Le film *Apocalypse Now* est à ce titre le plus cité par les enquêtés :

> Le message, ce serait qu'on part du combat militaire classique à quelque chose qui devient psychologique ; c'est un combat

psychologique qui se finalise à travers la mission du capitaine Willard. (…) Le combat, il est moral » (Marc, entretien) C'est la confrontation avec le mal dans la guerre et la désorientation. Pour moi, c'est un très bon film sur une désorientation sensorielle et morale : où est la morale ? (Agnès Devictor, entretien)

*Apocalypse Now* est à la fois un voyage spatial et psychologique pour le personnage principal. A mesure que le bateau s'enfonce dans la jungle vietnamienne, les membres de l'équipage se perdent plus en plus dans la folie. Le personnage de Willard, accompagné de ses nouveaux amis, relève épreuve après épreuve jusqu'à l'affrontement final avec le colonel Kurtz. Entre peur et fascination, le protagoniste se prépare depuis le début du film à sa rencontre avec le Mal et rend vivant le personnage interprété Marlon Brando au travers des lectures de son dossier confidentiel. Kurtz, que l'on pourrait considérer comme le deuxième personnage principal du film, est représenté comme le reflet de Willard. Après la mort du premier, le second sort du temple et se dresse devant la foule d'adeptes : il peut devenir leur nouveau dieu, mais décide finalement de retourner à son bateau et de quitter l'antre de la folie. La guerre prend ici la forme d'un conflit intérieur, ici représenté par la confrontation au colonel Kurtz, et d'une mise à l'épreuve de l'homme : quel choix fera-t-il face à la folie et la violence ? La guerre, comprise comme épreuve psychologique, devient une sorte de rite initiatique permettant finalement d'accéder à une meilleure connaissance de soi.

# CHAPITRE 11

# Les mises en scènes des émotions comme constructions critiques

Questionner la dimension critique, voire engagée, des films de notre corpus n'amène pas de réponses évidentes. D'une part, la plupart des réalisateurs ne décrivent pas leur film comme des œuvres engagées et préfèrent maintenir une position neutre par rapport à la guerre du Vietnam en tant que telle. De l'autre, les enquêtés ne perçoivent pas tous de la même façon les engagements et les messages portés par ces films, témoignant ainsi de la pluralité des réceptions et interprétations cinématographiques. Si le film *Né un 4 juillet* est d'emblée catégorisé comme un film anti-guerre par Yann, il est au contraire décrit comme un film relativement neutre par Léa, qui différencie la mise en scène générale du film et le point de vue militant de son personnage principal. De même, *Full Metal Jacket* est décrit par Vincent comme une sorte de dénonciation de l'institution militaire américaine et de la façon dont elle traite ses soldats, tandis que Yann n'y voit pas de message engagé : pour lui, ce film montre simplement la guerre, ses stratégies et ses violences. Apparaît ainsi un décalage entre volonté des réalisateurs et réception des spectateurs, mais aussi une dissonance au sein du groupe des récepteurs. Ces divergences peuvent notamment s'expliquer par le caractère ouvert et parfois ambivalent de ces représentations du Vietnam : décrits comme des « films de questionnements, d'ouvertures » (Agnès Devictor, entretien), ils n'apportent pas de réponses claires aux spectateurs, mais invitent plutôt à les faire réfléchir. C'est le cas par exemple du film *Apocalypse Now*, qui est analysé par Frank Tomasulo comme une sorte de « texte ouvert », permettant diverses interprétations et identifications (Tomasulo, 1990, p.157). Il est à la fois film anti-guerre, en représentant l'impérialisme américain et l'absurdité de la guerre, et film pro-guerre, en mettant en scène le soldat américain comme sauveur ainsi que la supériorité militaire des Etats-Unis. Cette production permettrait ainsi de rapprocher deux conceptions différentes de la guerre et de concilier, finalement, l'ambivalence face à la guerre du Vietnam.

L'objectif n'est donc pas ici de déterminer si tel film est anti-guerre ou tel autre manque d'engagement, mais plutôt d'observer la façon dont ces films se constituent comme des postures critiques : ils ne dénoncent pas forcément, mais invitent les spectateurs à se forger une opinion et à prendre position. Ces constructions critiques sont ici analysées du point de vue de la mise en scène des émotions. Tout d'abord, ces films mettent en scène une certaine culpabilité américaine en visibilisant des crimes de guerre du côté des États-Unis et en montrant des soldats qui sont loin d'être irréprochables. C'est aussi, comme nous avons pu l'aborder, l'aspect psychologique de la guerre qui est exploré au travers des répercussions de la guerre sur les hommes qui l'ont vécu : les affects portés à l'écran rendent ici compte des traumatismes et violences psychologiques des personnages. Cette partie se concentre cependant sur le troisième versant de cette représentation critique des émotions : certains films se distinguent par une mise en scène décalée des émotions, qui marque généralement le spectateur et permet de mettre en lumière l'absurdité ou la folie des combats. Les moments « perturbants » et « choquants »[67] qui sont le plus cités par les enquêtés sont peu liés à la violence de certaines scènes et concernent au contraire des séquences marquées par des décalages émotionnels.

---

[67] Ces termes sont ceux utilisés lors des entretiens avec les enquêtés, qui sont invités à décrire les moments qui les ont perturbés dans les films du corpus, puis ceux qui les ont choqués.

## L'usage de l'humour et de la joie dans des situations tragiques

> *Good Morning Vietnam*, je ne sais pas trop comment le décrire. C'est juste qu'il m'a marqué. Pour moi c'est un bon film sur cette période et c'est aussi un film assez original quand même (…). Et c'est vrai que c'est le côté un peu…dans ce film…ce côté humoristique, qui n'est pas du tout présent dans *Voyage au bout de l'enfer* ou ce genre de film. Je trouve que ça rajoute un côté vraiment horrible, d'utiliser l'humour dans des situations comme ça. (Léa, entretien)

Le film *Good Morning Vietnam*, seule comédie de mon corpus, est d'emblée perçu par les enquêtés comme un film décalé, différent et qui ne montre pas vraiment la guerre. Il se caractérise en effet par une émotion d'ordinaire minoritaire dans les films prenant la guerre pour sujet : la joie. Toute la première partie du film est d'ailleurs consacrée à une ambiance festive, rock'n'roll et dansante, qui déteint particulièrement au sein du corpus. La joie est associée au personnage principal, Adrian Cronauer, qui provoque les rires partout où il passe : à la station radio, au bar, pendant les cours d'anglais. Cet humour est d'ailleurs utilisé pour dresser des caricatures des soldats américains au Vietnam. La séquence 14 met ainsi en scène deux soldats américains qui remplissent tous les stéréotypes du combattant viril et machiste : ils s'énervent lorsque le groupe de Cronauer parlent à *leurs* prostituées, ils ont des propos racistes sur tout ce qui n'est pas américain et ils cherchent la bagarre à la moindre occasion. Le personnage principal attaque alors la fierté virile de ces personnages : « Jamais de ma vie je n'ai vu un homme aussi costaud que toi, aussi musclé et aussi dépourvu de pénis ». Ces mises en scène caricaturales concernent également les représentants de l'institution militaire, tels que les jumeaux chargés de la censure ou le lieutenant Hauk, constamment tourné en ridicule par les autres personnages. Cet humour constant dans le film participe à la construction d'un discours particulier sur le Vietnam, qui passe également par un usage décalé de la musique. Les séquences 18 et 40 sont le résultat d'un mélange contrasté entre une bande-son et une bande-image. Dans l'une, les musiques dansantes « Sugar and Spice » de The Searchers et « I got you » de James Brown sont utilisées au cours de l'émission radio de Cronauer, tandis que défilent à l'écran des images renvoyant à la guerre du Vietnam : armes, bateaux militaires, tanks mais aussi hélicoptères en action et explosions. La deuxième séquence met quant à elle en scène un moment émouvant et tragique, construit par une superposition décalée entre image et musique. L'émotion vient justement de l'association de la musique « What a wonderful world » de Louis Armstrong avec des scènes violentes se déroulant au Vietnam : s'enchaînent à l'écran des visuels de la guerre, représentée par des explosions, des exécutions de Vietnamiens, des violences policières, des manifestations de grande ampleur ou encore des scènes de harcèlement de Vietnamiennes par des soldats américains.

Un procédé assez similaire de décalage entre bande-son et bande-image se retrouve dans le film *Full Metal Jacket*, qui va jusqu'à superposer des musiques rock à des scènes de combats. Dans la séquence 37, intitulée « La joie au feu », aucun son n'est perceptible au-dessus de la chanson « Surfin' Bird » de The Trashmen, quand bien même la scène se déroule en plein affrontement militaire. Ici, la joie n'est pas une parenthèse de la guerre ou une émotion de l'arrière : elle fait partie intégrante des combats et se mêle aux morts et aux blessés. La bande-son, reposant exclusivement sur une musique dansante et joyeuse, semble ainsi contredire la bande-image, marquée par le passage de civières supportant de grands blessés. Le travelling caméra passe d'abord devant des visages graves, des soldats aux aguets, pour arriver sur la 1$^{\text{ère}}$ Section, celle des personnages principaux qui rient et regardent la caméra du reporter. De même, la séquence 33, proposait déjà ce schéma d'un contexte grave superposé aux conversations détendues des personnages : Guignol et Rafterman discutent de manière joviale tandis qu'ils traversent un environnement de guerre. Les personnages de Stanley Kubrick sont ainsi mis en scène comme les produits d'un entraînement militaire déshumanisant et créant une distance émotionnelle aux combats. La joie est alors utilisée pour mettre en scène ce décalage perturbant.

## La banalisation de la violence

Ces décalages émotionnels, notamment symbolisés par l'apparition de moments de joie dans des contextes graves, sont perturbants pour les spectateurs car ils banalisent des situations exceptionnelles. Cette normalité est dérangeante dès lors qu'elle est mélangée avec des actes aussi violents que les combats. Plusieurs scènes d'*Apocalypse Now* illustrent ces contrastes émotionnels. C'est d'abord la séquence 8, « Entre violences et bavardages », qui donne à voir un étrange mélange entre des actions violentes associées à la guerre et d'autres, propres à la vie civile. Ainsi, la star du surf Lance Johnson provoque plus d'intérêt pour ses camarades que l'homme qui agonise à ses pieds pendant une discussion enjouée. Plus loin, une messe est tenue en plein paysage chaotique : une scène ironique se déroule sous les yeux du spectateur qui observe un prêtre faire la prière devant un tank en train d'enflammer un village. La violence, introduite parmi les expériences quotidiennes des soldats américains, devient un fait banal et normalisé pour les personnages.

La séquence 11, citée à deux reprises par les enquêtés, met en scène une offensive américaine sur un second village vietnamien. Alors que les bombes explosent et que des hommes meurent en arrière-plan, le colonel Kilgore se tient au milieu de la plage, torse nu et en chapeau de cowboy, et tient un discours sur la bonne odeur de la victoire. La réplique culte du personnage, « J'aime l'odeur du Napalm au petit matin », est citée par Vincent qui explique que cela « cristallise bien l'ambiance du moment et en même temps, ça a un côté presque dramatique, parce que ça montre bien que c'est leur quotidien ». Quelques secondes plus tard, le colonel se met à hurler sur ses hommes qui refusent d'enfiler des tenues de surf et de « goûter les vagues » sous les tirs ennemis : « c'est le surf ou le combat ! » somme-t-il. Ce personnage, entre autres, incarne une critique de la posture américaine au Vietnam, marquée par le faste et le manque de sérieux. Il participe également à la construction de moments décalés et marquants pour les spectateurs :

> Mais le colonel, quand il arrive sur une plage, il est obsédé par le fait qu'il veut aller surfer avec un des soldats qui est surfer professionnel. Ce colonel-là, je trouve que c'est la première vraie rencontre avec la folie. En fait, tu ne comprends pas. Fin le gars, il est au milieu du Vietnam et il veut aller surfer à tout prix sur des vagues, il n'a aucun état d'âme. Je me souviens que cette scène m'avait marquée parce qu'il y a aussi un côté assez drôle, assez humoristique ; parce que ses actions, ses gestes et ses paroles sont tellement en désaccord avec ce qu'il se passe. (Marion, entretien)

Comme le souligne cette enquêtée, ce décalage émotionnel est d'emblée associé à la folie des personnages, qui atteint une apogée à la fin du film. La séquence 34 est la dernière qui est citée par les cinéphiles comme « moment marquant ». Ce passage met en scène l'arrivée de l'équipage du capitaine Willard dans le camp du colonel Kurtz. D'emblée, les plans se concentrent sur différents personnages – Lance, un photographe ou encore Willard – tandis que derrière eux se balancent des cadavres nus et ensanglantés. Personne ne réagit et la conversation se poursuit. Plus tard, ils quittent l'embarcation et s'enfoncent dans ce sanctuaire pour atteindre un temple ancien. Sur les marches de ce dernier sont disposées des têtes coupées. La mort est ici mise en scène de manière inhabituelle et se retrouve totalement intégrée aux paysages. Au cours de l'entretien, Marion relève ainsi la présence de « plein de cadavres partout », tandis que Marc explique avoir été marqué par l'indifférence des personnages : « ils vivent avec une normalité exceptionnelle dans cette horreur ».

*Apocalypse Now* **(Francis Ford Coppola, 1979), séquence 34**

Cette banalisation de la violence et de la mort se retrouvent finalement dans les actions des personnages eux-mêmes : certains, s'étant parfaitement accommodés à la guerre, finissent par l'apprécier et par commettre des actes cruels, pourtant jugés normaux et habituels. C'est le cas de Bunny dans *Platoon*, qui incarne le rôle du soldat plus épanoui et intégré en temps de guerre qu'en temps civil. Au cours de la séquence 26, il va jusqu'à avouer : « je suis heureux ici ». Toujours un sourire aux lèvres, il se délecte de tuer des « Viets » et de vivre selon les nouvelles règles du temps combattant, qui lèvent notamment l'interdit de tuer. Dans *Full Metal Jacket*, deux séquences peuvent être analysées par le prisme d'une banalisation, voire d'une valorisation de la violence et de la cruauté. La première (séquence 32) met en scène Guignol, son acolyte Rafterman et un soldat inconnu dans un hélicoptère. Le spectateur découvre ce nouveau personnage au travers de ses actes : il tire longuement à la mitraillette ; puis la caméra se déplace progressivement pour révéler ses cibles, des civils au travail dans les champs. Commence alors une conversation qui ne serait pas tolérée en dehors d'un contexte combattant : Guignol lui demande s'il tue des femmes et des enfants, l'autre lui répond « ça m'arrive ». Cette conversation, particulièrement violente, au même titre que les actes du soldat inconnu, est banalisée au sein du groupe. La séquence 35, scène joyeuse et détendue, met quant à elle en scène la rencontre de Guignol avec le personnage d'Brute Epaisse. Ce dernier pose tranquillement avec un cadavre devant l'appareil photo de Rafterman : tout sourire, il touche le cadavre vietnamien et rit de la mort de ce soldat. Il avoue que « ne plus pouvoir tuer » lui manquera au retour au pays.

Cette mise en veille des émotions propre au temps guerrier amène donc les personnages à se comporter de manière cruelle aux yeux du spectateur extérieur. Ces constructions visuelles et sonores décalées mettent en avant la cruauté voire l'absurdité des combats au Vietnam, sans jamais les expliciter au travers de mots : c'est par la réception éloignée de ces images que le discours critique peut être formulé. C'est en ce sens que la plupart des films de ce corpus peuvent être compris comme des constructions critiques sur l'expérience de la guerre.

# CHAPITRE 12

# De nouvelles figures de virilité : le héros sensible

La plupart des analyses rendent compte des multiples visages que peut prendre le combattant américain. Malgré des récurrences, les trajectoires émotionnelles divergent en fonction des personnages tandis que le rapport à l'Autre révèle des postures différentes selon la sensibilité des protagonistes. Il n'y a pas un seul type de soldat à l'écran, mais plusieurs personnages qui se ressemblent ou s'opposent dans les trames dramatiques. Se constituent ainsi à l'écran des profils du « bon » et du « mauvais » soldat américain. Les films de ce corpus participent à une réflexion sur le positionnement américain au Vietnam et tentent finalement de combler les questionnements coupables de cette société. Dans chacun d'entre eux, il s'agit de nommer un ou plusieurs méchants identifiables, et finalement, de permettre aux États-Unis de retrouver leur innocence.

## Emotion et classification des personnages

Lorsque les enquêtés cinéphiles sont interrogés sur l'image qu'évoque pour eux le soldat américain au cinéma, c'est d'abord l'aspect viril du combattant qui ressort dans les réponses. Yann parle ainsi du soldat comme d'un « homme viril », courageux, qui n'a pas peur et qui n'hésite pas à tuer la personne en face. Dans son discours, il oppose la figure cinématographique du combattant à la réalité historique des images d'archives : « Pour moi, il y a vraiment l'image du soldat comme on le voit au cinéma, qui est un peu idéalisé, virilisé. Et après tu as la réalité, au travers des documentaires qui montrent finalement des hommes comme tout le monde » (Yann, entretien). Vincent est quant à lui moins catégorique : il insiste sur l'aspect très divers des figures du soldat américain, qui peut tout aussi bien être un « gros balaise » à l'image de Sylvester Stallone ou un soldat plus « fluet », qui lui sera davantage valorisé pour son efficacité sur le terrain que pour sa force physique. Enfin, Marion met en avant l'aspect positif des Américains à l'écran, qui sont assimilés chez elle aux « gentils ». Elle évoque également des « personnages charismatiques » qui gèrent les hommes et portent de lourdes responsabilités : « ils doivent avoir un vrai charisme, une certaine autorité et aussi un certain sang-froid ». Lorsque Marc et Léa sont interrogés, ils mettent au contraire en avant l'aspect ordinaire et humain des personnages de notre corpus, par opposition à des films moins sérieux, qui eux valorisent des physiques et des tempéraments jugés moins réalistes. Ce qui est intéressant, c'est que toutes ces figures du combattant sont présentes dans les films étudiés : le balaise équipé d'une sulfateuse, le fluet plus discret, le guide charismatique, le combattant courageux comme l'homme ordinaire, avec ses peurs et ses faiblesses. Cependant, si tous ces profils-types sont représentés et servent à illustrer les différentes facettes du combattant, tous ne sont pas valorisés de la même façon dans les scénarios.

L'image « idéalisée » du soldat dont nous parle Yann ou encore celle que décrit Marion sous les traits du guide charismatique sont très souvent associés dans ces films aux « méchants » de l'histoire. La force, l'efficacité sur le terrain, la capacité à contrôler ses émotions et à guider des hommes se retrouvent notamment dans la figure du sergent Barnes de *Platoon*. Ce dernier regroupe toutes les qualités d'un super-combattant, capable de faire gagner la guerre aux États-Unis : influent au sein du groupe et respecté par tous, il se hisse à la tête de la section et mène les hommes dans les combats contre les Viêt-Cong. Grand, puissant, balafré, il s'approche du « gros balaise » repéré par Vincent. Il est pourtant loin d'être valorisé dans la trame dramatique : son efficacité militaire et sa détermination sans faille vont de pair avec une deshumanisation de l'autre et une haine profonde pour l'ennemi, ce qui le place d'emblée dans la catégorie de l'antagoniste. De même, le sergent Meserve apparaît au début de *Casualties of war* comme le sauveur du groupe : alors qu'Eriksson est pris au piège dans une galerie, le soldat traverse la jungle sous les feux ennemis pour venir à son secours et éliminer les ennemis menaçants. Il est aussi celui qui mène le groupe et donne une direction à suivre. Cette direction sera finalement totalement immorale et cruelle lorsqu'elle les poussera à violer et assassiner une innocente. De nouveau, le soldat « idéalisé » perd la face. Les exemples sont ainsi multiples et variés, de la figure d'Brute Epaisse dans *Full Metal Jacket*, qui fait toujours preuve de courage au feu mais n'a aucune compassion pour l'ennemi, à celle du commandant dans *Né un 4 juillet*, qui guide efficacement ses hommes au détriment des valeurs morales. En fonction du point de vue abordé et des critères de classification retenus, les figures du « bon » et du « mauvais » soldat peuvent fortement varier.

Comme l'a mis en lumière l'étude des trajectoires émotionnelles, le « bon » soldat est avant tout celui qui conserve une part d'humanité et de sensibilité malgré les violences de la guerre. Il est aussi celui qui est capable de faire preuve de compassion face aux étrangers ou de ressentir du regret et de la culpabilité lorsqu'il est témoin, voire acteur d'un acte violent. Contrairement aux soldats cités précédemment, le bon soldat continue à considérer l'Autre – qu'il s'agisse de l'ennemi, du civil vietnamien ou même de la femme – comme un égal et un humain. Il se constitue par opposition au « méchant » américain, face auquel il doit se dresser à un moment donné du film. Le héros, figure du « bon » soldat, est généralement minoritaire dans les trames dramatiques, ou du moins non soutenu par le reste du groupe. C'est Eriksson dans *Casualties of war*, Chris Taylor dans *Platoon*, Ron Kovic dans *Né un 4 juillet* ou encore Guignol, le seul à éprouver de la compassion pour Baleine, dans *Full Metal Jacket*. Le héros émerge ainsi non plus dans une opposition à l'ennemi de guerre, mais dans un antagonisme avec d'autres membres du groupe. Il peut aussi être valorisé dans sa position de sauveur par rapport au reste du groupe dans un film de guerre plus classique comme *Voyage au bout de l'enfer*, lorsque le scénario ne propose pas de figure du mauvais soldat américain. Dans tous les cas, c'est la sensibilité du héros qui est mise en avant. Elle devient un marqueur déterminant dans la classification des différentes figures du soldat américain : le bon soldat devient celui capable de représenter l'Amérique de l'époque, tandis que le mauvais soldat porte sur ses épaules le poids des crimes de guerre et des atrocités commises au Vietnam.

*Question* : Alors, vous m'avez parlé de « virilité violente » et on a un peu évoqué ensemble la question de la sensibilité : est-ce que pour vous, il y a quand même une valorisation de cette sensibilité chez le soldat masculin dans ces films ?

*Réponse* : Oui, parce que souvent, c'est ce qui le différencie de l'Américain fou ou tueur, de l'assassin. Donc quand elle est présente, quand c'est le sujet du film, cette sensibilité est valorisée. Il s'agit de la préserver ou de la retrouver. (…) Elle sert souvent le même objectif, qui est de s'opposer à la mauvaise masculinité, celle qui a commis toutes les atrocités du Vietnam, et de dire : 'Non, nous on n'est pas comme ça'. (Sylvestre Meininger, entretien)

**Des héros sensibles**

Généralement minoritaire dans les films, le héros du Vietnam se constitue ainsi au sein du groupe de soldats et prend les traits d'un personnage dont la force ne réside plus dans les aspects physiques du combattant, mais dans ses qualités sensibles et morales. Au cours des années 80, le cinéma du Vietnam semble ainsi participer à un tournant dans la représentation du héros de guerre : « Effectivement, plus on avance dans la décennie, plus on met en avant cette masculinité reconstruite, qui n'atteint pas la perfection par l'invincibilité, mais par la sensibilité » (Sylvestre Meininger, entretien). Ces nouvelles figures du combattant sont celles qui ont été relevées par les cinéphiles, généralement marqués par l'aspect plus humain du soldat dans les films issus du Vietnam. Léa, grande appréciatrice de ce cinéma de guerre en particulier, y décrit les personnages comme « courageux, mais pas invincibles » : « Ils sont courageux parce qu'ils arrivent à continuer ce qu'ils doivent faire malgré les évènements qui peuvent être horribles, mais on voit qu'ils ont des faiblesses, que c'est compliqué. Ce ne sont pas des super-héros » (Léa, entretien). Ces postures jugées propres au cinéma du Vietnam humanisent la figure du héros de guerre. Ce n'est plus le soldat qui est maître à l'écran, mais l'homme-soldat, parfois seulement l'homme, dans toute sa vulnérabilité. Ces films entrent finalement dans un processus contemporain de démystification du soldat. Ils donnent accès à des personnages sensibles, qui font écho aux nouvelles conditions et représentations du soldat moderne. Selon Jean-Jacques Courtine, nous atteignons une « apogée tragique » au $20^{ème}$ siècle, qui connait de nouvelles formes de violences : « la dévastation des corps sape le mythe militaro-viril et inscrit la vulnérabilité au cœur de la culture sensible » (Courtine, 2011, p.9). Cette vulnérabilité se retrouve dans les films étudiés, généralement au travers de la figure du héros. Dans *Apocalypse Now*, le spectateur découvre le personnage principal, le très expérimenté capitaine Willard, sous son plus mauvais jour : nu dans des draps ensanglantés, il pleure face caméra et s'offre dans sa plus grande fragilité au spectateur. De la nudité, des pleurs, des cris...on est ici très loin de la représentation lissée du combattant américain.

La sensibilité est sans aucun doute le marqueur commun à tous les héros de ce corpus. Même les personnages principaux les plus expérimentés – à l'image du capitaine Willard – et les plus aptes à contrôler leurs émotions sur le terrain, ne sont pas sans faille. C'est le cas de Mike dans *Voyage au bout de l'enfer* : décrit comme le véritable « héros » du film par les enquêtés (Léa, Marion), il est fort, efficace et courageux. Il ne se limite pourtant pas à ces caractéristiques et fait preuve de faiblesses au cours du scénario : au bord des larmes pendant sa première expérience de la roulette russe, isolé et déprimé à son retour au pays puis dévasté par la mort de son meilleur ami Nick à la fin du film, il est un homme avant d'être un soldat. De même, le personnage très stoïque et impressionnant du sergent Frantz dans *Hamburger Hill* perd sa figure de soldat modèle au cours de l'affrontement final. D'ordinaire celui qui garde son sang-froid et qui guide les hommes sous le feu, il se laisse pour la première fois aller en plein milieu des combats. Pris de panique suite à la mort consécutive de plusieurs de ses amis, il doit être traîné en haut de la colline par le jeune soldat Beletsky. *Hamburger Hill* est un film particulier de ce corpus car il met en scène non pas un ou deux personnages principaux, mais un groupe entier de héros : chaque membre de la section occupe la même place dans le scénario du film et fait preuve de cette sensibilité propre au soldat du Vietnam.

**Zoom sur images : les larmes du héros**

| | |
|---|---|
| La tristesse des protagonistes est un élément récurrent des scénarios, toujours représenté au travers d'un plan-visage. Ce type de plan illustre le désespoir de Ron Kovic à son retour au pays et la culpabilité d'Eriksson à la fin de sa mission. Il va jusqu'à fermer les films *Platoon* et *Hamburger Hill*, Pour tous ces personnages, la guerre est terminée, mais n'a pas fini de les poursuivre. ||
|  |  |
| *Casualties of war* (Brian de Palma, 1989) séquence 30 : Eriksson fond en larmes alors qu'il raconte à un pasteur ce dont il a été témoin à la guerre. | *Né un 4 juillet* (Oliver Stone, 1989) séquence 51 : Ron hurle et pleure face à sa famille, lorsqu'il se rend compte qu'il a tout perdu : sa foi, son patriotisme, ses jambes, son pénis et même la reconnaissance de sa mère. |
|  |  |
| *Platoon* (Oliver Stone, 1986) séquence 30 : le film se ferme sur un très gros plan sur Chris Taylor en train de pleurer dans l'hélicoptère qui le rapatrie. « La guerre est finie pour moi maintenant, mais elle restera toujours présente, jusqu'à la fin de ma vie ». | *Hamburger Hill* (John Irvin, 1987) séquence 41 : le dernier plan du film dévoile le visage de Beletsky, qui pleure en observant le massacre en contrebas. Il fait partie des trois seuls survivants de la bataille d'Hamburger Hill. |

C'est justement parce que ces personnages font preuve de sensibilité et d'humanité qu'ils peuvent atteindre le statut de héros dans les films de notre corpus. Le soldat Eriksson, d'emblée présenté comme le petit nouveau, peureux et peu efficace sur le terrain, atteint pourtant la position de sauveur à la fin de *Casualties of war*. Il ne passe pas par la violence et la force pour résoudre le nœud de l'histoire, mais laisse au contraire libre cours à ses émotions : c'est en se confessant à un pasteur et en perdant toute face devant lui qu'il parvient à faire bouger les choses. Ses paroles sont entendues et ses camarades, coupables de crimes de guerre, sont traînés en justice. De même, le personnage d'Al dans *Birdy* parvient à sauver son ami et à se sauver lui-même en laissant tomber toute barrière et en exposant clairement sa vulnérabilité. A la fin du film, Al fait ses adieux à son meilleur ami qui demeure toujours figé dans son monde et qui doit donc être envoyé en asile. Al pleure en tenant son ami contre lui et lui fait un long discours sur le fait qu'il va lui aussi se laisser partir pour être interné avec lui : il ne peut pas vivre sans Birdy. C'est alors que son ami prononce ses premiers mots, enclenchant le dénouement heureux du film.

Al : C'est incroyable, tu t'es décoincé ça y est ! Comment ça se fait que tu t'es décidé ?

Birdy : J'ai pas décidé, c'est sorti comme ça d'un coup. T'avais besoin de moi.

(Dialogue extrait de la séquence 61 de *Birdy*)

Ce n'est finalement pas par des tours de force ou par la démonstration d'un courage héroïque qu'Al sauve son ami ou qu'Eriksson venge la mort cruelle d'une jeune innocente, mais plutôt par l'expression de leur vulnérabilité et de leur sensibilité.

## Des victimes de la guerre

Les protagonistes de ces films sont aussi mis en avant au travers de leur impuissance. Cette dernière devient une représentation concrète dans le film *Né un 4 juillet*, qui met en scène le personnage handicapé de Ron Kovic. Avant sa blessure, il est déjà représenté comme un soldat emporté par la guerre, voire non responsable de ses actes : lorsqu'il participe au massacre de Vietnamiens ou qu'il tue l'un de ses camarades d'une balle dans la poitrine, il n'agit jamais en état de conscience. Ebloui par le soleil, paniqué par les tirs ennemis, poussé par un supérieur autoritaire, Ron n'est jamais un véritable acteur de l'action. Emasculé après sa blessure, il devient le héros impuissant sous toutes ses formes et vit finalement un double deuil : celui de son innocence perdue et celui de sa virilité, associée dans le film à la sexualité masculine. Si le héros des autres films du corpus est rarement atteint dans son intégrité physique, il prend néanmoins la figure de l'observateur impuissant face à la guerre et ses cruautés. Cela passe par exemple par le métier de reporter de guerre de Guignol dans *Full Metal Jacket* ou celui de rapporteur d'informations d'Adrian Cronauer dans *Good Morning Vietnam*. Chris Taylor et Eriksson prennent le statut de témoin dans *Platoon* et *Casualties of war*, contraints d'observer les dérives de leurs camarades : l'un résoudra le problème par la violence, en tuant le coupable, tandis que l'autre passera par la justice militaire pour punir les criminels. Le schéma se répète sans fin : Mike et Al sont les témoins impuissants de la folie dévastatrice de leur meilleur ami ; les héros de *Hamburger Hill*, chair à canon sur le terrain, voient leurs camarades tomber les uns après les autres... Généralement observateurs de la guerre, ils deviennent parfois des acteurs, mais seulement en endossant le rôle de sauveur. Dans un cas, comme dans l'autre, ils sont largement valorisés à l'écran.

Ces héros sensibles peuvent finalement être associés à la catégorie des victimes de guerre : jeunes, brisés, impuissants face aux violences de la guerre, ils ne sont plus ceux qui ont participé au carnage, mais ceux qui l'ont subi et ont tenté en vain de l'arrêter. Les personnages principaux des films sont très souvent de jeunes hommes, qui ne sont pas conscients de la réalité dans laquelle ils s'engagent et qui se retrouvent emportés par la violence de la guerre. Yann, l'un des cinéphiles, compare les protagonistes à des enfants : « Je trouve qu'il y a vraiment cette image de l'enfant, qui ne se rend pas compte de ce que c'est que la guerre avant d'y aller ». Ces jeunes hommes, inoffensifs et crédules, sont capables de représenter l'« innocence perdue » de l'Amérique engagée au Vietnam (Sheehan, 1970). Ce n'est pas un hasard si l'une des affiches du film *Platoon* reprend l'image de la mort violente du sergent Elias et arbore en lettres blanches : « L'innocence est la première victime de la guerre ». Les larmes de ces héros du Vietnam sont finalement là pour représenter la souffrance de ces « bons » soldats américains, qui prennent la place des Vietnamiens et deviennent les « première[s] victime[s] » du Vietnam. Un film comme *Voyage au bout de l'enfer* met clairement en avant le statut de victime du soldat américain, qui devient l'objet de torture d'un ennemi cruel : « il y a des films qui mettent en avant de façon récurrente l'horreur des prisons que les Vietnamiens ont mis en place pour garder les soldats américains (…) : ce sont les pauvres soldats américains qui sont torturés. » (Vincent, entretien). Dans des films plus critiques, qui introduisent des soldats cruels du côté américain, une bonne version de ce dernier est toujours présentée en contrepartie et devient la victime des violences du premier.

> Le génie du film [*Platoon*], c'est de dire que les victimes de la guerre du Vietnam, ce ne sont pas les Vietnamiens, ce sont les Américains. (…) Et c'est pour ça que le film a eu autant de succès. Bon, parce qu'il dit que les victimes ce sont les Américains, mais aussi parce que du coup, tout ça, ça rend le comportement monstrueux des Américains pendant la guerre supportable. Parce qu'en voyant ce film, ils peuvent se dire : 'ce n'est pas nous'. 'C'est la mauvaise masculinité, c'est le salaud'. (…) Donc c'est immensément satisfaisant pour une société complètement traumatisée par la guerre du Vietnam. Voilà, le succès du film, il est là. (Sylvestre Meininger, entretien)

# CONCLUSION

Ce corpus de film permet de mettre en lumière les particularités de la guerre du Vietnam à l'écran. Aussi bien marqués par des procédés esthétiques que par des thèmes scénaristiques propres à la représentation de ce conflit, ces films proposent une mise en scène renouvelée des soldats américains. Ces derniers suivent des trajectoires émotionnelles qui permettent d'éclaircir un point essentiel : la guerre apparaît toujours dans les trames dramatiques comme un point de rupture, un élément déclencheur de la sensibilité ou de l'insensibilité des personnages. La divergence de ces parcours s'incarne notamment dans la mise en scène de figures différenciées de la virilité. Ces différents types de protagonistes sont également construits dans un rapport à l'Autre : le héros de chaque film est d'abord celui qui se développe dans un rapport conflictuel avec un autrui. Ce qui est intéressant avec le cinéma du Vietnam, c'est que les scénarios jouent avec les codes classiques des « méchants » pour les attribuer à des personnages tout autre que l'ennemi officiel, le Viêt-Cong. L'ennemi retrouve ici sa position relative et peut ainsi intégrer les rangs des soldats américains. La seule limite de cette relativité se retrouve dans l'impossibilité pour ces films de mettre en scène un héros qui ne soit pas une figure valorisée et positive face à ces autres. Outre l'ennemi, c'est le Vietnamien de manière générale qui sert de décor pour une action américaine, voire d'instrument de valorisation des « bons » américains. La femme est finalement la grande perdante de ces représentations cinématographiques : limitée à des rôles très restreints du côté américain (la mère, l'épouse, l'infirmière) et réduites à l'état d'objet du côté des vietnamiens (objet sexuel, ennemie déshumanisée), elle est généralement mise à mal dans les constructions narratives. Elle n'est d'ailleurs jamais représentée pour elle-même, mais plutôt pour mettre en scène le masculin, voire participer à la construction de différentes figures de virilité : certains personnages vont passer par la répression du féminin pour bâtir une virilité combattante quand d'autres vont au contraire intégrer cette part de féminin pour réinventer une virilité plus positive.

Ces représentations sont finalement des tentatives de réponses à des problématiques propres à la société américaine de l'époque. Dans ces recherches discursives, les émotions occupent une place toute particulière. Elles permettent de formuler un discours sur la guerre comme expérience psychologique, sur le Vietnam comme conflit absurde et empreint de folie, et enfin, sur l'homme américain, lavé de toute culpabilité. Montrer l'homme comme sujet et objet d'émotions est une importante mise à jour de la représentation du héros, peut-être plus proche de la réalité historique des faits. Elle rompt notamment avec une image idéalisée du soldat, qui retrouve sa position d'homme, d'humain. Cette réflexion nous amène à prendre en compte la virilité comme une notion mouvante, évolutive, qui n'existe finalement plus au singulier : ce sont *les* virilités qui sont révélées au travers de ces représentations cinématographiques.

L'hypothèse principale de travail, interrogeant les années 80 comme une période de représentations plus sensibles et valorisantes du soldat américain au Vietnam, est ici validée par les différents axes d'observations. Ils rendent tous compte d'un questionnement moral constant et d'un besoin de positionnement des Américains par rapport à cette guerre. Le « cinéma du Vietnam » porte ainsi mal son nom, dès lors qu'il n'est constitué que de films américains parlant d'Américains aux Américains. Ils permettent, entre autres, de trouver un coupable et un héros de la guerre : l'un et l'autre peuvent tous deux se situer du côté des combattants américains, mais le héros reste toujours le « bon » représentant des États-Unis. L'émergence de cette nouvelle figure du héros vulnérable ne remplit pas seulement un rôle de mise en scène de la paradoxale innocence de la puissance américaine, mais vient également répondre aux blessures d'une société. Cette réponse passe par l'intégration dans son identité de traits plus sensibles, et finalement, plus humains. C'est l'homme, fort et courageux, mais qui sait faire preuve de compassion et qui n'est pas invincible. Les Etats-Unis, après leur première défaite, prennent un nouveau visage.

Pour être exacte, les Etats-Unis prennent de nouveaux visages au pluriel. Si au sein- même du corpus étudié dans cet ouvrage, les discours sont déjà pluriels et parfois dissonants, que deviennent-ils dans les productions en périphérie de l'industrie hollywoodienne ? Nous avons choisi de travailler ici sur des films connus et reconnus dans le monde entier, mais il n'est pas moins pertinent de se pencher sur les films de la même époque, qui se sont faits plus discrets au box-office. Ce corpus rend compte de certaines visions, nées de l'expérience de la guerre et notamment permises par le Nouvel Hollywood, mais n'a pas vocation à représenter l'entièreté du Cinéma du Vietnam. Un tel sujet de recherche est large et contient encore des domaines inexplorés. Il serait notamment pertinent de s'intéresser à ces films de l'ombre, moins présents sur les écrans, et peut-être davantage propices à l'élaboration d'un discours critique sur l'engagement américain au Vietnam. Ce travail de recherche pourrait également être prolongé et renforcé, s'il était comparé à d'autres périodes d'interventions militaires à l'étranger. Nous pensons en particulier aux conflits menés au Moyen-Orient de la fin du $20^{ème}$ siècle et du début du $21^{ème}$ siècle. La constitution d'un « courant vietnamien » dans les années 80 à Hollywood pourrait être confronté aux héritages de ces représentations du Vietnam : quelle influence a pu avoir ces productions cinématographiques sur les conflits américains également controversés qui ont suivi ? Ce courant se perpétue-t-il dans les représentations des interventions en Irak et en Afghanistan ?

# GLOSSAIRE

**Bande-image :** en cinéma, partie de la bande de projection consacrée à l'image, par opposition à la bande-son

**Bande-son :** support sonore d'un film, regroupant trois composantes principales : les paroles, les bruits et les musiques.

**Champ - contrechamp :** technique de prise de vue consistant à filmer une scène sous un angle donné, puis à filmer cette même scène sous un angle opposé au premier.

**Hors-champ :** ensemble d'éléments qui se situe en dehors du champ de la caméra, qui n'apparaît pas dans le cadre de l'image.

**Plan :** portion de film impressionnée par la caméra entre le début et la fin d'une prise. Il est limité par les collures qui le lient au plan précédent et au suivant. Au cours du montage, les différents plans sont construits en séquences. Il existe différents types de plans.
*Le très gros plan* permet d'isoler une partie du sujet, généralement un détail ou une partie du corps. Il s'agit par exemple d'un plan resserré sur les yeux d'un personnage.
*Le gros plan* se concentre sur un sujet, ne donnant pas accès au décor ni au contexte environnant. Il peut s'agir, par exemple, d'un cadrage sur un visage.
*Les plans rapprochés* valorisent la partie supérieure du corps d'un sujet : le plan poitrine représente le sujet de la poitrine à la tête, tandis que le plan taille part de la taille du sujet.
*Le plan américain* permet de cadre un sujet au-dessus du genou, à mi-cuisse, tandis que *le plan italien* dissimule les pieds et chevilles du personnage, en le représentant à partir de ses tibias.
*Le plan moyen* dévoile le personnage en pied, ainsi qu'une partie du décor qui l'entoure de manière proche. C'est toujours le personnage qui est valorisé par ce type de plan.

*Le plan d'ensemble*, quant à lui, s'éloigne du personnage pour le resituer dans l'environnement qui l'entoure. Le personnage est toujours identifiable, mais dans son rapport au décor qui l'entoure.

*Le plan général*, enfin, permet de valoriser l'environnement de la scène, par exemple en représentant le paysage dans son ensemble.

**Plongée / contre-plongée** : angles de prise de vue qui consistent à se placer au-dessus ou en-dessous du sujet photographié ou filmé.

**Séquence** : ensemble de plans constituant une unité narrative définie selon l'unité de lieu ou d'action.

**Séquence alternée :** procédé qui consiste à montrer en alternance deux (ou plus de deux) actions simultanées.

**PTSD :** abréviation anglaise pour *Post-Traumatic Stress Disorder,* un trouble psychiatrique pouvant se manifester chez des personnes ayant vécu un évènement traumatisant (accident, combat, agression, catastrophe naturelle). Ce terme est clairement défini et inscrit dans le Manuel diagnostique et statistique des troubles mentaux (DSM) en 1980.

**Travelling caméra** : déplacement réel de la caméra durant la prise de vue permettant un mouvement fixe et droit et un changement de point de vue. Il existe différents travellings : le travelling vertical (vers le haut ou vers le bas), le travelling avant (vers l'avant, en s'approchant du sujet filmé), le travelling arrière (vers l'arrière, en s'éloignant du sujet filmé), le travelling horizontal ou latéral (vers la gauche ou la droite).

**Viêt-Cong** : appellation du Front national de Libération du Vietnam du Sud, une force armée communiste et pro-Viet-Minh, active en Vietnam du Sud de 1954 à 1975. Le « Viêt-Cong » est l'adversaire direct des troupes américaines engagées au Vietnam.

**Viêt-Minh** : organisation indépendantiste indochinoise (puis nord-vietnamienne) fondée en 1941 par Hô Chi Minh, membre du parti communiste vietnamien.

**Zoom :** objectif de caméra permettant des effets d'éloignement (zoom arrière) ou de rapprochement (zoom avant) sans aucun déplacement de la caméra.

# BIBLIOGRAPHIE

ANDEREGG Michael, 1991, « Introduction », in ANDEREGG M. (ed.), *Inventing Vietnam, the War in Film and Television*, Philadelphia, Temple University Press, edition Kindle, pp.24-183

AUDOIN-ROUZEAU Stéphane, 2011, « Massacres. Le corps et la guerre », in COURTINE J-J. (dir), 2011, *Histoire du corps. 3. Les mutations du regard. Le XXème siècle*, Paris, Editions du Seuil, Points, pp.293-334

-, 2011, « Armées et guerres : une brèche au cœur du modèle viril ? », in COURTINE J-J., (dir), *Histoire de la virilité : Tome 3, La virilité en crise ? Le $xx^e$-$xxi^e$ siècle*, Paris, Éditions du Seuil, Points, pp. 207-229

BASINGER Jeanine, 1986, *The World War II Combat Film: Anatomy of a Genre*, Columbia, Columbia University Press

CAPDEVILA Luc, 1998, « Le mythe du guerrier et la construction sociale d'un « éternel masculin » après la guerre », *Revue française de psychanalyse*, vol. n°62, n°2, pp.607-624

COURTINE Jean-Jacques et HAROCHE Claudine, 2007, *Histoire du visage. Exprimer et taire ses émotions (du XVIe siècle au début du XIXème siècle)*, Paris, Payot

CROCQ Louis, 1999, « La guerre du Viêt-Nam. Succès et déboires de la psychiatrie militaire américaine », in CROCQ L., *Les traumatismes psychiques de guerre*, Paris, Odile Jacob, pp.13-30

DARRE Yann, 2006, « Esquisse d'une sociologie du cinéma », *Actes de la recherche en sciences sociales*, vol. 161-162, no. 1-2, pp. 122-136.

DEAN Eric T., 1992, « The myth of the Troubled and Scorned Vietnam Veteran », *Journal of American Studies*, vol.26, n°1, pp.59-74.

DE BAECQUE Antoine, 2011, « Ecrans. Le corps au cinéma », in COURTINE J-J. (dir), 2011, *Histoire du corps. 3. Les mutations du regard. Le XXème siècle*, Paris, Editions du Seuil, Points, pp.385-406

-, 2011, « La virilité à l'écran », in COURTINE J-J., (dir), *Histoire de la virilité : Tome 3, La virilité en crise ? Le $xx^e$-$xxi^e$ siècle*, Paris, Éditions du Seuil, Points, pp. 441-470

DEVICTOR Agnès, 2015, *Images, combattants et martyrs. La guerre Iran-Irak vue par le cinéma iranien*, Paris, Editions Karthala

DEVINE Jeremy M., 1995, *Vietnam at 24 Frames a Second: a critical and thematic analysis over 400 Films about the Vietnam War*, Londres, McFarland

DITTMAR Linda et MICHAUD Gene, 1990, « Introduction. America's Vietnam War films: Marching towards Denial», in DITTMAR L., MICHAUD G. (dir.), *From Hanoï to Hollywood: the Vietnam War in American Film,* New Brunswick, Rutgers University Press, pp.1-15

EBERWEIN Robert, 2009, *The Hollywood War Film*, Oxford, Wiley-Blackwell

ETHIS Emmanuel, 2014, *Sociologie du cinéma et de ses publics*, Paris, Armand Colin

ESQUENAZI Jean-Pierre, 2007, « Eléments de sociologie du film », *Cinémas,* vol. 17, n°2-3, « La théorie du cinéma, enfin en crise », pp.117-141

GABRIEL Richard A., 1988, *No more Heroes: madness and psychiatry in war*, New York, Hill and Wang

GOFFMAN Erving, 1973, *La mise en scène de la vie quotidienne, t.1 La présentation de soi*, Paris, Editions de Minuit, coll. « Le Sens Commun »

-, 1977, « La ritualisation de la féminité », *Actes de la recherche en sciences sociales*, vol.14 « Présentation et représentation du corps », pp.34-50

HALBWACHS Maurice, 1994, *Les cadres sociaux de la mémoire*, Paris, Albin Michel, coll. « Bibliothèque de l'Evolution de l'Humanité »

HAROCHE Claudine, 2011, « Anthropologies de la virilité. La peur de l'impuissance », in COURTINE J-J., (dir), *Histoire de la virilité : Tome 3, La virilité en crise ? Le xx$^e$-xxi$^e$ siècle*, Paris, Éditions du Seuil, Points, pp. 15-30

HELLMANN John, 1991, « Vietnam and the Hollywood Genre Film. Inversion of American mythology in *The Deer Hunter* and *Apocalypse Now* », in ANDEREGG M. (ed.), *Inventing Vietnam, the War in Film and Television*, Philadelphia, Temple University Press, edition Kindle, pp.675-974

HIRSCHMAN Charles, PRESTON Samuel et VU Manh Loi, 1995, « Vietnamese Casualties during the American War : A New Estimate », *Population and Development*, vol.21, n°4, pp.783-812

JEFFORDS Susan, 1990, « Reproducing Fathers; Gender and the Vietnam War in U.S culture », in DITTMAR L., MICHAUD G. (dir.), *From Hanoï to Hollywood : the Vietnam War in American Film*, New Brunswick, Rutgers University Press, pp.203-216

KEEGAN John, 2013, *Anatomie de la bataille*, Paris, Editions Perrin

KLEIN Michael, 1990, « Historical Memory, Film, and the Vietnam Era », in DITTMAR L., MICHAUD G. (dir.), *From Hanoï to Hollywood: the Vietnam War in American Film*, New Brunswick, Rutgers University Press, pp. 20-40

KRACAUER Siegfried, 1973, *De Caligari à Hitler. Une histoire psychologique du cinéma Allemand. 1919-1933*, Paris, Flammarion

LE BRETON David, 2004, *Les passions ordinaires : anthropologie des émotions*, Paris, Payot

LE NAOUR Jean-Yves, 2013, *Les soldats de la honte*, Paris, Editions Perrin

MAUSS Marcel, 1921, « L'expression obligatoire des sentiments (rituels oraux funéraires australiens) », *Journal de psychologie*, n°18, pp. 245-434

-, 1936, « Les techniques du corps », *Journal de Psychologie*, n°32, pp.3-4

MATTMILLER Brian, 2006, *We Gotta Get Out Of this Place: Music, memory and the Vietnam War*, archivé à la *Wayback Machine* (février 2007), Université du Wisconsin-Madison

MEININGER Sylvestre, 2000, « Recherches d'une nouvelle masculinité dans le cinéma américain, de Star Wars (1977) à Terminator 2 (1991) », Thèse de doctorat en Etudes cinématographiques (non publiée), dirigée par Noël Burch, Université Paris III – Sorbonne Nouvelle

MOINE Raphaëlle, 2008, *Les genres du cinéma* (2$^{ème}$ édition), Paris, Armand Colin

MOSSE George L., 1997, *L'image de l'homme. L'invention de la virilité moderne*, Paris, Editions Abbeville

PAPERMAN Patricia, 1992, « Les émotions et l'espace public », *Quaderni*, n°18, « Les espaces publics », pp. 93-107

-, 1995, « La question des émotions : du physique au social », *L'Homme et la société*, n°116, pp. 7-17.

PORTES Jacques, 2008, *Les États-Unis et la guerre du Vietnam*, Paris, Editions Complexe

REITINGER Douglas W., 1992, « Paint it Black: Rock Music and Vietnam War Film », *Journal of American Culture*, vol.15, n°3, pp.53-59

SHEEHAN Neil, 1970, *L'innocence perdue*, Paris, Editions du Seuil

SORLIN Pierre, 1977, *Sociologie du cinéma*, Paris, Aubier-Montaigne

STORA Benjamin, 1997, *Imaginaires de guerre. Algérie – Viêt-Nam en France et aux États-Unis*, Paris, La découverte

STURKEN Marita, 1997, *Tangled Memories, The Vietnam War, The Aids Epidemic, and the Politics of Remembering*, Berkeley, University of California Press

TEBOUL Jeanne., 2017, *Corps combattant. La production du soldat*, Paris, Maison des Sciences de l'Homme, coll. « Ethnologie de le France »

TESSIER Laurent, 2005, « Monuments et films-monuments. A propos de la place des œuvres d'art dans les représentations collectives de la guerre du Vietnam aux États-Unis », *Sociologie de l'Art*, vol.2, pp.107-144

TOMASULO Frank P., 1990, « The Politics of Ambivalence: Apocalypse Now as Prowar and Antiwar Film », in DITTMAR L., MICHAUD G. (dir.), *From Hanoï to Hollywood: the Vietnam War in American Film*, New Brunswick, Rutgers University Press, pp.145-158

VANOYE Francis et GOLLIOT-LETE Anne, 2009, *Précis d'analyse filmique*, Paris, Armand Colin
VLIEG Heather, 2019, « Were they spat on? Understanding the Homecoming Experience of Vietnam Veterans », *Grand Valley Journal of History*, vol. 7, n°1, article 3
VIGARELLO Georges, 2016, *Le sentiment de soi. Histoire de la perception du corps XVIème – XXème siècle*, Paris, Points, collection « Points Histoire »
WHITE Susan, 1991, « Male bonding, Hollywood Orientalism and the Repression of the Feminine in Kubrick's Full Metal Jacket », in ANDEREGG M. (ed.), *Inventing Vietnam, the War in Film and Television*, Philadelphia, Temple University Press, edition Kindle, pp.2416-2763

# FILMOGRAPHIE

CIMINO Mickael, 1978, *Voyage au bout de l'enfer*, Universal Pictures, 182 min
DE PALMA Brian, 1989, *Casualties of war*, Columbia Pictures, 121 min
FORD COPPOLA Francis, 2001, *Apocalypse Now Redux* [1979], American Zoetrope, 202 min
IRVIN John, 1987, *Hamburger Hill*, RKO Pictures, 112 min
KUBRICK Stanley, 1987, *Full Metal Jacket*, Warner Bros Pictures, 166 min
LEVINSON Barry, 1987, *Good Morning Vietnam*, Touchstone Pictures, 120 min
PARKER Alan, 1984, *Birdy*, TriStar, 120 min
STONE Oliver, 1986, *Platoon*, Hemdale, 115 min
STONE Oliver, 1989, *Né un 4 juillet*, Ixtlan, 145 min

## STRUCTURES ÉDITORIALES DU GROUPE L'HARMATTAN

**L'Harmattan Italie**
Via degli Artisti, 15
10124 Torino
harmattan.italia@gmail.com

**L'Harmattan Hongrie**
Kossuth l. u. 14-16.
1053 Budapest
harmattan@harmattan.hu

---

**L'Harmattan Sénégal**
10 VDN en face Mermoz
BP 45034 Dakar-Fann
senharmattan@gmail.com

**L'Harmattan Cameroun**
TSINGA/FECAFOOT
BP 11486 Yaoundé
inkoukam@gmail.com

**L'Harmattan Burkina Faso**
Achille Somé – tengnule@hotmail.fr

**L'Harmattan Guinée**
Almamya, rue KA 028 OKB Agency
BP 3470 Conakry
harmattanguinee@yahoo.fr

**L'Harmattan RDC**
185, avenue Nyangwe
Commune de Lingwala – Kinshasa
matangilamusadila@yahoo.fr

**L'Harmattan Congo**
219, avenue Nelson Mandela
BP 2874 Brazzaville
harmattan.congo@yahoo.fr

**L'Harmattan Mali**
ACI 2000 - Immeuble Mgr Jean Marie Cisse
Bureau 10
BP 145 Bamako-Mali
mali@harmattan.fr

**L'Harmattan Togo**
Djidjole – Lomé
Maison Amela
face EPP BATOME
ddamela@aol.com

**L'Harmattan Côte d'Ivoire**
Résidence Karl – Cité des Arts
Abidjan-Cocody
03 BP 1588 Abidjan
espace_harmattan.ci@hotmail.fr

---

## Nos librairies en France

**Librairie internationale**
16, rue des Écoles
75005 Paris
librairie.internationale@harmattan.fr
01 40 46 79 11
www.librairieharmattan.com

**Librairie des savoirs**
21, rue des Écoles
75005 Paris
librairie.sh@harmattan.fr
01 46 34 13 71
www.librairieharmattansh.com

**Librairie Le Lucernaire**
53, rue Notre-Dame-des-Champs
75006 Paris
librairie@lucernaire.fr
01 42 22 67 13